いほうの会 編

磯部 哲
佐藤雄一郎 編集委員

医と法の邂逅

第3集

尚学社

はしがき

『医と法の邂逅 第2集』は二〇一五年九月三〇日に刊行され、そのはしがきの最後には、「早晩遠からず、第3集をお届けしたいと思っています」と記してあった。爾来、医事法学の最先端かつ高水準の論文集として継続的な刊行を目指そうとはしてみたものの、なかなか作業が進まず、あっという間に三年以上が過ぎてしまったが、ようやくここに、『医と法の邂逅 第3集』を刊行することができた。編集委員としては、とりあえずホッとしているところである。

なお、前回に引き続き〝いほうの会〟編の本書であるが、今回は、三冊連続となる佐藤雄一郎に加え、磯部哲が編集委員を担当している。

前二冊との相違は次の点にある。

第一に、前回までは、それぞれ題字を揮毫いただいた宇都木伸先生、平林勝政先生への献呈論文集としての趣旨を含んで企画がスタートしていたのに対して、今回はむしろ、――もちろん執筆者一同、本書に揮毫いただいた塚本泰司先生への深甚なる敬慕の念を抱いていることは間違いないのですが、――律儀に毎月一回のペースで開催されてきた〝いほうの会〟の、いわば日常的な「研究会の成果を研究書として問う」(第1集 はしがき)ものであるといえよう。したがって取り上げられているテーマに統一性などあろうはずはなく、かえって類似した素材が扱われている場合などもあるであろうが、それはまさに、各人各様としか言いようのない形・タイミングで研究テーマを選定し、それぞれのペースで研究活動を展開している〝いほうの会〟の魅力の現れに他ならないと感じている。読者諸兄姉のご理解を請う次第である。

第二に、第3集の今回から、〝いほうの会〟において査読（peer review）の仕組みを採用した点にある。周知のように、近年、研究者の業績評価等では査読を必要とすることが少なくないため、〝いほうの会〟でも、『医と法の邂逅』所収の各論文を「査読あり」の扱いとできるよう、必要な体制を整備してはどうかという問題意識が背景にあった。とはいえ、本書所収の各論文を、一つの研究会にすぎない〝いほうの会〟の名前で査読済み扱いとするということは、〝いほうの会〟がそれだけの質保障をしていると社会に対して責任を負うことに他ならない。仲良しクラブが査読ごっこをやっているように映ってしまうのでは全く不十分なわけで、公平、公正かつ建設的なプロセスであると同時に、学問の多様性にも配慮した適切な査読の仕組みを構築・運用できるよう、慎重に検討を重ね、意を用いた次第である。

今回、まずは執筆をエントリーした場合には研究会での報告を必須とすること（予備的査読）、査読責任者である編集委員が〝いほうの会〟メンバーから（肩書・キャリアにこだわらず当該テーマについて最適任者である）主査を一名、必要に応じて副査を選定し査読を依頼すること、査読担当者は当該原稿が論文集への収載にふさわしい水準・内容であるかどうかを、関連性、新規性／有効性、信頼性、論理性、表現等の適切さ等の総合的な観点から審査することなどを確認した。厳密な査読の結果、当初予定を変更してさらに練り直し収載された原稿や、査読意見の示唆に触発され、よりいっそう考察を深化させるべく敢えて収載を見送った原稿などもあったが、いずれにしても、こうした取り組みが、〝いほうの会〟メンバーの地力を鍛え、ひいては医事法学界の発展につながることを期待している。

尚学社の吉田俊吾さん、苧野圭太さんには、〝いほうの会〟への永年にわたる真摯で熱心なご支援と、本書を世に出すまでには数々の叱咤激励をいただいてきました。ご恩ただならぬお二方に申し上げるべき適切な言葉が見つかりませんが、〝いほうの会〟メンバー一同、心から感謝いたしております。本当にありがとうございます。

第4集も、どうぞよろしくお願いいたします。

平成三〇年一一月二七日

編集委員を代表して

磯部　哲

目次

はしがき　i

医療過誤訴訟における期待権侵害構成と行為態様評価について　松原孝明　3

医療過誤訴訟における期待権侵害とその立証
——因果関係の立証との関係　長島光一　43

治療中止における自己決定権の機能について　山本紘之　101

法医解剖に由来する人体試料の適正な取扱いに向けて
——遺族からの返還の求め、研究利用との関係について　辻村（伊藤）貴子　131
イギリスにおける子どもを対象とする臨床研究に対する議論の変遷　永水裕子　171
編集委員・執筆者紹介　214

医と法の邂逅　第3集

医療過誤訴訟における期待権侵害構成と行為態様評価について

松原孝明

一　問題の所在
二　最判平成一二年以前の下級審裁判例および学説の状況
三　相当程度の可能性の法理の登場と期待権
四　行為態様評価の要件的位置づけと違法性判断
五　まとめにかえて

一　問題の所在

医療過誤訴訟における期待権侵害構成は、医師の過失が認められるが、当該過失と患者に生じた最終的な悪結果との間の因果関係が高度の蓋然性をもって証明ができない場合に、なお被害者を救済する法理として昭和五〇年代から延命利益侵害構成などとともに用いられるようになった。しかし、五〇年代後半のある時期から期待権侵害構成を採用する裁判例は徐々に減り、特に最判平成一二年九月二二日民集五四巻七号二五七四頁において相当程度の可能性法理が採用されると、同法理との関係性が不明確であったことから、さらに期待権に言及する裁判例は減少した。しかし、最判平成一七年一二月八日判時一九二三号二六頁の補足意見、最判平成二三年二月二五日判時二一〇八号四五頁において期待権侵害を根拠に慰謝料が認められうる要件が示されると、期待権侵害構成に対する注目が再び高まった。しかるに、最判平成二三年の示した要件については、いくつかの解明すべき点が残されていると考える。期待権侵害構成の存在意義は、最終的悪結果が発生しなかった相当程度の可能性すら認められない場合に、なお医師を問責する点にあると考えられるが、相当程度の可能性をどのように把握するかによっては、これまで期待権侵害構成が採用されてきた範囲と重複することになる。それゆえに、相当程度の可能性法理との適用範囲の境界線を明確にする必要がある。また、最判平成二三年が示したように、期待権侵害にもとづく慰謝料が認められるためには「当該医療行為が著しく不適切なもの」である必要があるが、そのような加害者の行為態様評価はどのように行われるのか、過失判断との関係性はどのように考えるべきか、そして不法行為成立要件のどこに位置づけられるべきかを明らかにする必要がある。

本稿ではまず、二において、期待権侵害構成を採用する嚆矢となった福岡地判昭和五二年三月二九日以降、期待権がその他の法理との関係でどのように捉えられてきたかを下級審裁判例や、その評釈を中心とした学説を分析することで明らかにする。次に、三においては、期待権が、相当程度の可能性法理の登場により、どのような影響を受け、いかなる存在意義を与えられたのか、また相当程度の可能性法理との適用範囲の境界線はどこにあるのかという視点から、最判平成一二年以降に現れた最高裁判決を中心に分析を進める。**四**においては、最判平成二三年で示された期待権侵害に基づく慰謝料請求を認める要件である加害者の行為態様評価が、不法行為の成立要件のなかの違法性判断として位置づけられるべきであることを提示したうえで、過失判断との差異はどこにあるのかを検討することにする。

二　最判平成一二年以前の下級審裁判例および学説の状況

1　期待権をめぐる初期の議論状況

医師に治療行為上の過失があるにもかかわらず、最終的悪結果との間に高度の蓋然性をもって因果関係が証明できない場合に、治療機会が喪失された、また延命利益、期待権等が侵害されたとして被害者に慰謝料請求を認容する裁判例が昭和五〇年初期に現れた。しかし、各裁判例の判示における表現の曖昧さもともなって、その法律構成の面においては混乱が見られた。

期待権侵害という文言をはじめて用いた裁判例は、福岡地判昭和五二年三月二九日判時八六七号九〇頁[1]（以下【裁判例1】）である。【裁判例1】は、人工妊娠中絶手術を受けた女性Aが、医師の中絶術選択における善管注意義務違反、入院から胎児娩出までの全身管理の懈怠、中絶術後の患者管理の懈怠などにより死亡するに至った事案において、「十分な患者管理のもとに診察・診療行為さえなされていれば、ある結果も生じなかったかもしれないという蓋然性がある以上、十分な患者管理のもとに診察・診療をしてもらえるものと期待していた患者にとってみれば、その期待を裏切られたことにより予期せぬ結果が生じたのではないかという精神的打撃を受けることも必定というべく、右にいう患者の期待（これを期待権といってもよい。）は、診療契約において正当に保護されるべき法的権利というも過言ではない」として、期待権侵害による慰謝料を認容した。【裁判例1】においては、「十分な患者管理のもとに診察・診療行為さえなされていれば、ある結果も生じなかったかもしれないという蓋然性がある」として、「手術前の血圧、血液、脈拍等の検査の懈怠さえなければ、Aが危機状況に陥って血圧が七〇～四〇と低下傾向を示し、応急措置を施された後それが九〇～四〇と一応の回復状況を示したとしても、それがどの程度の病状の悪さ加減を意味するものかの目安を把握でき、応急措置の程度、方法につき何らか益するところがあったのではないかと解され」、また、娩出手術施行後の患者看視体制の懈怠と危機状態を応急措置により一応抜けだしたと思われた後の患者看視体制の懈怠は「患者にとって甚しくその期待を裏切るものであり、Aの容体の急変を早期に発見し、早期に応急措置をとることによりAの死という事態を避けえたのではないかという蓋然性も一概に否定しえない」と延命の可能性認めており、延命利益侵害構成でも慰謝料を認容することができたのではないかと考えられる事案である。他方、医師の行為態様について、手術後の被告の管理体制につき「四時間余の間にわたり、患者をベッド枕許にあるインタホーン利用にまかせきりにし、医師、看護婦らによる看視、観察をしなかったことは、患者側にまかせきりの無責任体制であり、医院側と患者側という専門家と素人の差を考慮しない杜撰なあり方と非難されても」やむをえず、「患者にとって甚しくその期待を裏切るもの」という行為態様評価を行っている。ただし、のちに紹介する諸裁判例のように行為態様評価の結果として慰謝料請求を認容しているわけではない。

前述のように、【裁判例1】の事案においては、延命利益侵害構成でも慰謝料の認容は可能であったと思われることから、なぜ本件において、あえて期待権構成が用いられたのかは不明であるが、法律構成における初期の混乱状況を示したものといえよう。

期待権侵害構成をはじめて用いた【裁判例1】の評釈を中心として、期待権概念に対する若干の議論が開始された。櫻井節夫教授は、【裁判例1】の評釈において、本件のような事例では、因果関係を否定して損害賠償を全く否定するか、肯定したうえで合理的な範囲で損害賠償を認めるかのいずれかの途を採るべきであり、期待権などという表現を用いる必然性はないとして期待権侵害構成を批判された(2)。また、稲垣喬弁護士は、期待権は診療契約における一般的義務違反と同視すべきものでありそれに対して独立した法的地位を付与することに対して疑問を呈される(3)。饗庭忠男弁護士は、因果関係が不存在であるのにその結果発生に関する注意義務違反を論じることは不当である点、また、期待権には客観性を欠いている点を挙げ、期待権侵害構成を批判される(4)。

一方で、新美育文教授は、期待権の意図は、実的因果関係の立証困難性を回避する点、仮に因果関係が不存在の場合においても不十分な診療行為をした医師に対して賠償請求の余地を追求する点の二つにあるとされ、特に二つ目の点について、期待権の内容を「よりよき診療を受けるという期待」ではなく「生活（生命）の質なしライフスタイルに関するもの」として捉えて、それが侵害された場合には慰謝料請求を認容するという考えを提唱された。[5]これは、稲垣弁護士らの、期待権は診療契約における一般的義務違反と同視すべきもので、独立した法的権利性を認めることには疑問があるとする期待権概念に対する批判、また、期待権が客観性を欠いているとの批判に答えてのものであった。

その後、判例評釈を中心に、期待権侵害構成に関するいくつかの肯定的見解は示されたものの、期待権概念をめぐる議論は最判平成一二年九月二二日にいたるまで、それ以上深化することはなかった。[6]また、裁判例においても昭和五〇年代初期においては期待権が延命利益を補強するものと考えられており、延命利益と期待権の未分化の状態が続き、[7]延命利益による慰謝料が認められれば独自に期待権を持ち出す必要がないという実践的な理由により、[8]昭和六〇年ころまで期待権のみを賠償の根拠とする裁判例は減り、延命利益侵害を根拠とするもの、また、延命利益の存在を前提として期待権侵害を認めるもの（福岡地小倉支判昭和五八年二月七日判タ四九五号一六一頁）が多くみられた。さらに、期待権に対する否定的な学説の影響を受けてか、東京地判昭和五六年一〇月二七日判時一〇四六号七〇頁、名古屋地判昭和五八年五月二七日判時一〇八二号九一頁のように期待権の法益性自体を否定する裁判例もあらわれたのである。

右のような状況のもと、延命利益侵害構成が期待権と切り離され、徐々に純化されるにつれて、その認定が厳格化され、延命利益侵害が否定される裁判例が散見されるようになった。そこで、延命の可能性が判然としない場合や延命可能性が認められない場合にも、なお、医師になんらかの責任を問うことができないかが模索されることとなった。

そのような流れの中で、医師の過失と最終的悪結果との間の因果関係が証明できず、また、延命可能性さえも認定することが困難なケースにおいて、医師が免責されることに疑問を呈し(9)、なお医師に責任を追及する手段として、いくつかのアプローチが模索されることとなった。一つ目は、期待権が主観的な期待であるとの批判に答える形で客観化された形での期待権、または治療機会の喪失を根拠に慰謝料を認容するもの、二つ目は被害者の期待権侵害そのものを問題とするのではなく、医師の診療契約における債務が手段債務であることを強調したうえで、債務不履行構成により慰謝料を認容するものである。以下、両構成を採用する裁判例を分析することにする。

2　不法行為構成の裁判例

【裁判例2】岐阜地判昭和六〇年九月三〇日判時一一八六号一二〇頁

交通事故により脾臓破裂の傷害を負った入院患者Aが腹腔内出血により失血死した事案につき、多発性肋骨骨折と診断して経過観察のために入院させながら、入院後三時間半にわたって一度も患者の診察に赴かなかった医師に経過観察義務を怠った過失があるとしたが、当該過失とAの死亡との間の因果関係は否定された。そのうえで「医師が経過観察上行うべき診察等を全く行わず、結局、亡Aに脾臓損傷の傷害のあることさえ発見できないまま、亡Aをして脾臓破裂に起因する失血死という転帰をたどらせたものであって、同被告は、ひっきょう、亡Aに対する経過観察自体を懈怠したものというべく、その過失は重大であるといわねばならない。」とし、「同被告の前示診療懈怠の故に患者が医療機関から受けることのできる相当な医療を受けるべき機会・利益を完全に失ったものであって、右のような利益はもとより法的保護に値するものと認めるのが相当」であり「被害者の右のような懈怠行為の結果侵害された亡Aの利益ないし権利は決して軽視することができず、被告Y医師は、その違法行為の故に亡Aが味わわざるを得なかった精神的苦痛の慰藉料を支払うべき義務を免れることができない」として一五〇万円の慰謝料を認容した。

【裁判例3】山口地下関支判昭和六二年一二月二一日判時一二八九号一三四頁(10)

Aは嘔吐、上下肢のけいれん、視野異常を訴えて入院したところ、意識不明に陥り、他の病院に転院した。その後、日本脳炎と診断され、死亡した事案において、Aが重篤な状態に陥るまで一回もその診察を行わなかったY医師には患者の経過観察上医師が尽くすべき注意義務を怠った過失があるとされたが、当該注意義務違反とAの死亡との間の因果関係は認められなかった。しかし、「医師と患者の医療契約の内容には、単に当時の医療水準に拠った医療を施すというのみではなく、そもそも医療水準の如何にかかわらず、最大限緻密で真摯かつ誠実な医療を尽くすべき約が内容とされており、医師は本来そのような注意義務を負うものと解するのが相当である。たとえ、医師のその作為、不作為と対象たる病患について生じた結果との間に相当因果関係が認められなくても、患者の救命の可能性が絶無ではなかったのに、医師が右義務に違反して著しく粗雑、杜撰で不誠実な医療をなしたが故に患者の救命の可能性を奪った場合には、結局、医師は右の最大限適切な治療を求める可能性を侵害したものというべく、これによって、患者側に与えた精神的苦痛を慰謝する責任があるというべきである」と述べたうえで、「Y医師は、Aを経過観察のため国立病院に入院させておきながら、Aが意識消失の重篤な状態に陥るまで一回たりとも元の診察に赴いたことがなく、従って、夜勤看護婦より、元の症状に異常が認められたとして二度も電話連絡を受けながら、その都度元を直接診断することなく、看護婦の連絡内容のみからAの症状を判断し、看護婦に抗痙攣剤、制吐剤等の投与を指示する方法で対症療法を継続しただけで確定診断に要する何らの検査も行っていないというのであるから、Y医師の本件医療は著しく粗雑で不誠実な医療というべきである」とし、そのような過失ある診療行為がＡに対する不法行為を構成するとして一〇〇万円の慰謝料を認容した。

右の【裁判例２】【裁判例３】においては、直接的に「期待権」という言葉は用いられていないが、医師の過失と患者の死亡との間の因果関係が認められず、延命可能性すら認められない事例において「最大限適切な治療を求める可能性」、「医療水準上必要不可欠な基本的診断法を受ける期待」が侵害されたとして慰謝料を認容している。そこでは、単なる被害者の主観的な期待ではなく、医療水準に適った治療を受ける利益として客観的にとらえようとする試みがみられる。そして、もう一つ興味深いのは、右に挙げる【裁判例２】【裁判例３】においては、加害者の行為態様評価がなされているという点である。とくに【裁判例３】では、「たとえ、医師のその作為、不作為と対象たる病患について生じた結果との間に相当因果関係が認められなくても、患者の救命の可能性が絶無ではなかったのに、医師が右義務に違反して著しく粗雑、杜撰で不誠実な医療をなしたが故に患者の救命の可能性を奪った場合には、結局、医師は右の最大限適切な治療を求める可能性を侵害したものという」ことができるとしつつ、医師の行為態様を著しく粗雑で不誠実な医療であると評価して、慰謝料を認容している。のちに述べるように、最判平成一二三年の考え方がすでにこの時点で萌芽しているということができるであろう。

3　債務不履行構成の裁判例

【裁判例４】東京地判昭和六〇年九月一七日判タ五七二号七五頁(11)

Aは開業医Yのもとに自らのX線写真を持参したが、Yは肺癌を見落とした。Aは他病院で肺癌と診断されたものの、すでに完全に手遅れ状態で、のちに死亡した事案において、肺癌を診断しえなかったY医師の債務不履行を肯定したうえで、救命の可能性または延命の可能性の証明がないとし、死亡または延命利益の侵害と当該債務不履行との因果関係を否定したものの、「医師が肺癌のような重大な疾患を看過し、そのために当該患者が適切な治療、看護の機会を奪われたときは、たとえこれによって救命又は相当期間の延命がはかられなかったことが認められない場合においても、医師による前記義務の不履行によって右の機会を不当に奪われたことによって受けた精神的損害についてその慰謝料の賠償を求めることができると解するのが相当である（原告が期待権の侵害と称するのもこのような趣旨をいうものと解される。）」として六〇万円の慰謝料を認容した。

【裁判例5】浦和地判昭和六〇年一一月二七日判時一一八六号九三頁

左上腕骨骨折等の治療を受けていた患者が筋肉壊死により左上腕切断をした事案につき、骨折治療を担当した医師には、左上腕に損傷があるにもかかわらず、何ら処置を採らなかったこと、細菌感染の危険が去る前に観血的手術を行ったこと、ガス壊疽罹患を疑わせる症状が発現していたにもかかわらず、その手当を施さなかったことに債務不履行または過失があるとされたが、それらの債務不履行、過失と左上腕切断との間には因果関係が認められないとした。そのうえで「診療契約が一定の結果の達成を目的とするいわゆる結果債務ではなく、診療行為というある程度の時間の継続が予定されたいわゆるなす手段債務であることを考えると、患者としては医療機関における診療過程において医療水準を著しく逸脱した診療をうけるなど、診療契約上の著しい義務違反により精神的損害を被った場合には医療機関に帰責事由がないときを除き損害発生について医療機関が予見しえた限り、右精神的損害の賠償をも求めうるというべきである」と述べたうえで、被告病院には「本件診療経過において整復手術の時期の点に関し、また血管縫合の点に関し、さらにはガス壊疽に対する対応等術後管理等に関しそれぞれ著しい義務違反があり、しかも、被告病院に帰責事由がないとはいえないから原告Xは、医療水準に従って受くべき医療行為を受けられず、受くべきではない医療行為を受けたこと、とくに害はあっても益があるとは認められない適応時期と異なる時期における整復手術という身体に対する侵襲、ガス壊疽に対する対応の適切でない術後管理、さらには転院治療をうけることの妨害行為などにより原告浩人が精神的損害をうけたことは明らかであり、また、このことは被告病院においても十分予見し得べきことであったとみられるから、原告Xは被告病院に対して慰謝料を請求しうる」として一〇〇万円の慰謝料を認容した。

【裁判例6】 仙台高判平成二年八月一三日判タ七四五号二〇六頁(12)

本件は未熟児網膜症に関する事例だが、医師には「医師が生後六日の極小未熟児の全身状態を診察しないまま五日間もの間、三リットルの酸素を看護婦任せにして投与し続けさせた」過失と酸素濃度のカルテの記載を、前の記載が判読できない程度に訂正したという事実があった。しかし、それらの義務違反ないしカルテの書き換えと本件未熟児網膜症の発症との間の相当因果関係は否定しつつ、「医療業務は、人の生命及び健康の管理に直接関わるものであるから、医療に従事する者は、危険防止のために実験上必要とされる最善の注意義務を要求されるのである。もとより、右注意義務は、診療当時のいわゆる臨床医学の実践における医療水準であると解されるが、医療に従事する者は、誠実かつ真摯に右に述べた債務ないし義務を履行する責任を負うもの」であり、「さらに、診療契約から発生する債務は、他の財産上の契約における債務と異なり、患者が医師から専門的知識、技術とその誠実かつ真摯な診断、治療の提供を受けることが当然に期待されるのである。そして、診療契約において右のような信頼関係が成立しているからこそ、患者は安心して、医師に自己の生命、健康の管理を委ねるのである。従って、右のような信頼関係は、医療行為に内在し、診療契約の中核的内容を形成するものであり、しかも、右の信頼関係を基礎とする診療契約から生ずる債権債務は、人倫的色彩の強いものではあるが、いわゆる期待権ではなく、法的に保護されるべき一種の法的地位と観念するのが相当である。しからば、仮に、当時の医療水準に照らして、医師の診療行為と事故との間に相当因果関係が認められず、又は結果に対して医師の責任が認められない場合であっても、医師をはじめとする医療従事者が著しく患者の期待に反し、又は信頼を裏切るような杜撰かつ不誠実な診療行為に及んで、右患者の法的地位を違法に侵害した場合には、診療契約を結んだ医療機関は、患者側に対して、債務不履行の責任を負い、精神的損害を含む損害賠償義務を負うものと解するのが相当である。」としたうえで、「被控訴人の履行補助者として控訴人の診療に当ったA病院及びB医師の本件診療行為には、控訴人主張のように、著しく控訴人の期待に反し、又は信頼を裏切るような不誠実かつ杜撰な一面のあることが認められるから、控訴人の患者としての法的地位を違法に侵害したものといわざるを得ない」との行為態様評価を行ったうえで三〇〇万円の慰謝料を認容した。

【裁判例7】東京地判平成四年一〇月二六日判時一四六九号九八頁(13)

人間ドックで検診を受けたAが大腸癌で死亡した事故について、検診での便潜血検査で陽性の反応が出ていたにもかかわらず、再検査などを勧めなかった病院側に過失を認めた事例である。本件では人間ドックを受診した時点において、Aに大腸癌又はその前段階である腺腫等の病変が存在したかどうか、存在していたとしてどのような形態であり、それが内視鏡検査等によって発見可能なものであったかはいずれも不明であるから被告の過失とAの死亡との間に因果関係を認めることはできないとして、延命可能性の存在を認めなかった。そのうえで「被告と人間ドック診療契約を締結することにより、異常を疑わせる兆候があればその告知を受け、併せて適切な指導を受けることにより大腸癌を含む疾病の早期発見、早期治療の機会を得ることを期待していたというべきであり、右期待は法的保護に値するものというべきである。したがって、Aは、被告の過失による債務不履行によりこの期待権を侵害され、適切な指導を受ける機会を奪われることによって精神的苦痛を被ったということができる」として三〇〇万円の慰謝料を認容した。

【裁判例8】大阪地判平成八年一一月二〇日判タ九四七号二五三頁

妊婦Aが分娩後に出血を来し、止血措置も功を奏さず、出血が持続し、直接の原因としては羊水塞栓症によりショック死した事案である。担当医師には、異常出血の目安とされる五〇〇ミリリットルに達したにもかかわらず、輸血用血液を手配せず、交差適合試験を実施しなかった過失、輸血が直ちに開始できない場合に、輸液を乳酸加リンゲル等に切り替え、出血量に見合った量を補充すべきであったのにそれを怠った過失が認められたが、羊水塞栓症との間の因果関係は認められないとしつつ、「人の生命を預かる医師ないし医療機関は、診療契約を締結した患者に対し、医療行為の性質上、治療の成功という結果までを保障することはできないとしても、最善を尽くし、誠実に治療を施すべき債務を負っているというべきである。そして、およそ死亡の結果発生を回避できない場合であっても、患者のために医療水準に則った適切な治療に当たるように努める義務を負っており、右義務に反した診療をしたときは、これによって生じた患者の損害を賠償する責任を負っているというべき」であり「被告法人との診療契約に基づき、被告らから適切な治療を受けることを期待できる地位ないし権利を取得しているから、被告らが、右義務に違反することにより、Aないし原告らの期待を侵害した場合には、それによる損害を賠償する責任を負うというべきである」とした。そして、「治療行為は、分娩後の異常出血、羊水塞栓により、緊急事態に陥ることが予測しえたAに対するものとしては、杜撰なものであったといわざるを得ない」との行為態様評価を行ったうえで二〇〇万円の慰謝料を認容した。

右に挙げた裁判例はすべて債務不履行構成を採用している。すでに述べたように期待権侵害構成に対しては、期待権は診療契約における一般的義務違反と同視すべきものであり、それに対して独立した法的地位を付与する必要はないなどの批判が加えられていた。それゆえに右に挙げた裁判例においては、過失と最終的悪結果との間の因果関係が高度の蓋然性をもって認められず、延命可能性も認められない事例において、これまで期待権を用いて解決していたところ、それらの批判を回避するために、敢えて債務不履行構成が採用されたのではないかと推測される。つまり、債務不履行構成によれば、期待権やその他類似の通有性のある権利・利益を媒介することなしに、加害者の債務不履行による損害賠償として慰謝料を認容することができるとの判断があったのではないかと思われる（ただし【裁判例7】については債務不履行により期待権が侵害されたとの表現になっている）。それらの諸裁判例を受けて、債務不履行構成に対する肯定的な見解が示されるようになった(14)。その肯定的根拠としては、①診療契約は医師が医療の一般的水準に従って誠実に信用することを目的としているが、履行を約束した契約の目的そのものを侵害しているのに、これから生じる精神的損害を否定することは契約における信義則に反する、②診療債務は手段債務であることから、医師は適切な治療をしていれば不治癒に対する責任を負うことはないが、その上に、契約の目的である適切な診療自体を怠った場合においても不治癒との間の因果関係が肯定されなければ責任を負わないとするならば公平の観点からそれは容認できないというものである(15)。

もう一つ注目すべきは、右に挙げた裁判例のうち、【裁判例5】【裁判例6】【裁判例8】において、加害者の行為態様評価を行ったうえで慰謝料請求が認容されている点である。とくに、【裁判例5】では、「医療機関における診療過程において医療水準を著しく逸脱した診療をうけるなど、診療契約上の著しい義務違反により精神的損害を被った場合には」精神的損害の賠償を請求し得る、【裁判例6】では、「医師をはじめとする医療従事者が著しく患者の期待に反し、又は信頼を裏切るような杜撰かつ不誠実な診療行為に及んで、右患者の法的地位を違法に侵害した場合には、診療契約を結んだ医療機関は、患者側に対して、債務不履行の責任を負い、精神的損害を含む損害賠償義務を負う」としたうえで、その後に行為態評価を行い、結果として慰謝料を認容している。これは、期待権侵害構成の場合と同じ傾向であり、のちの最判平成二三年が示した行為態様評価の考えにつながるものである。

右に見てきたように、期待権侵害構成、債務不履行構成のどちらの構成を採る裁判例においても、行為態様評価が行われる傾向がみられた。そこで評価されている医師の診療行為における怠惰や不誠実、杜撰さといった行為態様それ自体は本来、道義的な問題ではあっても、法的責任の領域では意義を有しない(16)。しかし、それを積極的に評価しつつ慰謝料を認容することは、延命の可能性すら認められない場合にもなお、医師を問責するカウンターバランスとして合理的であると考えることができる。

しかし、右のような期待権侵害をめぐる裁判例の流れは、最判平成一二年九月二二日を受けて大きな変化を迎えることになる。

三　相当程度の可能性の法理の登場と期待権(17)

1　最判平成一二年九月二二日民集五四巻七号二五七四頁以後の動向

周知のとおり最判平成一二年九月二二日は、患者の死亡の時点においてなお生存していた相当程度の可能性が証明されれば、医師はその可能性侵害に基づく不法行為責任を負うと判示した最高裁判決であるが、多くの論者が指摘するように、同法理の射程や、とりわけこれまでの期待権侵害構成や延命利益侵害構成、機会の喪失構成との関係性が不明確であり、学説は相当程度の可能性法理が期待権侵害構成や機会の喪失構成とは異なる理論構成にたつものであると理解したうえで相当程度の可能性が認められない場合であっても、被害者救済の見地から、期待権侵害や機会の喪失を根拠とする損害賠償が認められるとする見解と、相当程度の可能性法理と期待権侵害、機会の喪失構成との併存関係を認めず相当程度の可能性法理がそれらの諸構成を具体化したものであると捉える見解[18]に分かれていた。そのような混乱状況を反映してか、その後の下級審裁判例の状況も判示内容が曖昧なものが目立つ。特に期待権については、期待権に言及しながらも相当程度の可能性法理により慰謝料を認容するものが多数みられる（東京地判平成一三年二月二八日判タ一〇八六号二六一頁、東京地判平成一三年七月四日判タ一一二三号二〇九頁、東京高判平成一三年一一月五日判時一七七八号六九頁、東京地判平成一五年一月二七日判タ一一六六号一九〇頁、東京地判平成一五年五月二八日判タ一一四七号二五五頁、東京地判平成一五年六月三日判タ一一五七号二二七頁、東京地判平成一六年三月二五日判タ一一六三号二七五頁、東京地八王子支判平成一七年一月三一日判タ一二二八号二四六頁など）。また、これまで多く見られていた、債務不履行の事実そのものから慰謝料を導き出す裁判例はみられなくなった。推測するに、最判平成一二年において相当程度の可能性法理が示されるまでは、医師の過失と患者の最終的悪結果との間の因果関係が高度の蓋然性をもって証明できない場合には、延命利益侵害構成が用いられ、延命可能性すら認められない場合に期待権侵害構成が用いられてきたが、期待権侵害構成に対する種々の批判がなされたことにより、債務不履行構成が用いられるようになったものと思われる。しかし、最判平成一二年において相当程度の可能性法理が示されると、すでに述べたように、期待権や延命利益などのこれまでの法律構成との関係をめぐり混乱が生じたため、医師の過失と患者の最終的悪結果との間の因果関係が高度の蓋然性をもって証明できない事案においては、もっぱら相当程度の可能性の法理が利用されるようになり[19]、その際に、相当程度の可能性が認められない場合になお加害者に賠償責任が認められる場合があるかどうかについては、明確にされていなかったことが原因であると思われる。ただ、最判平成一二年の調査官解説においては「粗雑診療自体から生じる焦燥、不安、不快感等は、『可能性』の侵害とは別の利益侵害であり、これらの個別被害については、その程度が受忍限度を超えるものかどうかで被侵害利益を判断すべきものと考えられる」としており、相当程度の可能性が認められない場合になお、受忍限度を超える場合には、粗雑診療自体から生じる焦燥、不安、不快感等を根拠に損害賠償が認められる余地を認めている[20]。ただし同解説においては、相当程度の可能性法理が、従前期待権といわれていた法益の内容を具体化したものであるとも指摘しており、同概念に対する理解には混乱が見られる。それでは、相当程度の可能性が認められない場合、すなわち従来の期待権が問題となる場面とはいかなる場合であろうか。最判平成一二年以後にあらわれた二つの最高裁判決からその点を探っていくことにする。

2　最判平成一六年一月一五日判時一八五三号八五頁[21]

Aは胸のつかえ等を訴えて開業医Yの診察を受け胃内視鏡検査を受けたが、胃の中に大量の残滓があったため、十分に検査することができなかった。しかし、Yは再検査を施すことなくAに慢性胃炎であるとの診断を下した。Aは三か月たっても症状が改善しないため、総合病院で検査を受けたところスキルス胃がんと診断され、その時点で骨に転移し手の施しようのない状態であり、約四か月後に死亡した。そこで、Aの遺族Xらは、Yに対してYが適切な検査をしなかったことでスキルス胃がんの発見が遅れAが死亡したとして債務不履行に基づく損害賠償請求を行った。原審はYの再検査懈怠の過失を認めつつ、適切な検査によってスキルス胃がんが発見されていたとしても、その時点ですでに救命可能な治療は不可能な状態であり死亡という結果は不可避であった。また、仮に再検査時点でのがんの転移が早期のものであったとしても、直ちに化学療法が行われれば延命効果があった可能性は認められるが、それは化学療法が奏効することが前提であり、Aが究明された相当程度の可能性までは認められないとした。

Xらが上告。上告審は以下のように判示した。「平成一一年七月の時点において被上告人が適切な再検査を行っていれば、Aのスキルス胃癌を発見することが十分に可能であり、これが発見されていれば、上記時点における病状及び当時の医療水準に応じた化学療法が直ちに実施され、これが奏功することにより、Aの延命の可能性があったことが明らかである。そして、本件においては、被上告人が実施すべき上記再検査を行わなかったため、上記時点におけるAの病状は不明であるが、病状が進行した後に治療を開始するよりも、疾病に対する治療の開始が早期であればあるほど良好な治療効果を得ることができるのが通常であり、Aのスキルス胃癌に対する治療が実際に開始される約三か月前である上記時点で、その時点における病状及び当時の医療水準に応じた化学療法を始めとする適切な治療が開始されていれば、特段の事情がない限り、Aが実際に受けた治療よりも良好な治療効果が得られたものと認めるのが合理的である。これらの諸点にかんがみると、Aの病状等に照らして化学療法等が奏功する可能性がなかったというのであればともかく、そのような事情の存在がうかがわれない本件では、上記時点でAのスキルス胃癌が発見され、適時に適切な治療が開始されていれば、Aが死亡の時点においてなお生存していた相当程度の可能性があったものというべきである。」

本件においては、再検査が実施されたとしてもその時点におけるスキルス胃がんの進行の程度は不明であることから、具体的にどのような治療方法が可能であったのかを特定することができなかった。それにもかかわらず、本件は「その時点における病状及び当時の医療水準に応じた化学療法を始めとする適切な治療が開始されていれば、特段の事情がない限り、Aが実際に受けた治療よりも良好な治療効果が得られたものと認めるのが合理的である」としている。つまり、本来であれば、医療水準から判断される適切な治療方法が特定され、その治療方法を実施した場合の奏効率が明確にされるべきであるが、本件は、より適切な治療方法がありさえすればその奏効率を問うことなく相当程度の可能性を認めるという立場である。これは「行為時点で評価される抽象的な生存等の可能性」すなわち抽象的可能性理解に基づいた判断がなされているといえる。右記のように相当程度の可能性の概念理解として、具体的可能性理解と抽象的可能性理解に分類して理解する米村滋人教授によれば、抽象的可能性理解に立つと、「行為時点での抽象的可能性の低下のみにより不法行為が確定的に成立するため、行為に過失があれば、結果不発生事例を含め大半の事例で賠償責任が」認められることとなり、それは「『期待権』を保護した場合とほぼ同様の結論」となることから、最判平成一六年の相当程度の可能性法理の理解に従えば、従来の期待権が問題となるほとんどの領域を相当程度の可能性法理がカバーしていることになり、期待権の存在意義は不明確なままとなる。しかし、次に紹介する最判平成一七年の反対意見、補足意見では期待権の存在意義が明確にされることになる。[22]

3　最判平成一七年一二月八日判時一九二三号二六頁[23]

東京拘置所に未決拘留中のXは起床時の点検中に布団の上に上半身を起こしたまま言葉にならない返答しかできない状態でいたのを発見され、医務室で診察を受けた。担当医は、翌日Xを東京拘置所で治療することは困難であると判断してA病院に移送した。Xは A病院で緊急開頭減圧手術を受けたが、Xには重大な後遺障害が残り、将来的にも後遺障害が回復する見込みはないと診断された。XらはY（国）に対し、東京拘置所の医師らはXが医務部に搬入され脳卒中であるあるとの疑いをもった時点で、仮に血栓溶解療法の適応がなかったとしてもXを速やかに専門病院に転移させるべきであったのにこれを怠ったとして、治療機会が侵害されたことによる慰謝料を請求した。原審（東京高判平成一七年一月一八日判時一八九六号九八頁）は「外部の医療機関によって血栓溶解療法を受けることによりその後の重篤な後遺症が残らなかった相当程度の可能性があるとはいえない」としてXの請求を棄却した。それに対してXが上告。本判決は「東京拘置所においては、上告人の症状に対応した治療が行われており、そのほかに、上告人を速やかに外部の医療機関に転送したとしても、上告人の後遺症の程度が軽減されたというべき事情は認められないのであるから、上告人について、速やかに外部の医療機関への転送が行われ、転送先の医療機関において医療行為を受けていたならば、上告人に重大な後遺症が残らなかった相当程度の可能性の存在が証明されたということはできない」として上告を棄却した。

本件においては、延命を期待できる治療法は血栓溶解法しかなく、これを行うためにすみやかに他病院に転送したとしても、血栓溶解療法の適応がある間に同療法を始めることは困難であった。すなわち、最判平成一六年とは異なり、実際に行われた治療よりも医療水準に照らして適切というべき治療法が存在せず、抽象的可能性すら認められない、すなわち相当程度の可能性がまったく認められない事例であった。

本件は、原告が拘留中であったこと、また、初の相当程度の可能性を否定した最高裁判決である点に事例的な意義があるが、注目すべきは横尾和子・泉徳治判事の反対意見および島田仁郎判事、才口千晴判事の各補足意見である。

(1)　横尾和子・泉徳治判事の反対意見

横尾和子・泉徳治判事は「重大な後遺症が残らなかった相当程度の可能性を侵害されたこと」と、「患者が適時に適切な医療機関へ転送され、同医療機関において適切な検査、治療等の医療行為を受ける利益を侵害されたこと」とは、別個の利益侵害であるとする。「患者が適時に適切な医療機関へ転送され、同医療機関において適切な検査、治療等の医療行為を受ける利益」が、不法行為法上の保護利益となり得るかどうかが問題であり、保護利益となり得るとすれば、医師側の不法行為責任が肯定されるのである。「患者が適時に適切な医療機関へ転送され、同医療機関において適切な検査、治療等の医療行為を受ける利益」は、エホバの証人輸血拒否事件（最判平成一二年二月二九日民集五四巻二号五八二頁）、乳房温存療法事件（最判平成一三年一一月二七日民集五五巻六号一一五四頁）、がん患者の家族に対する告知事件（最判平成一四年九月二四日判時一八〇三号二八頁）、分娩方法に関する説明義務違反事件（最判平成一七年九月八日判時一九一二号一六頁）を挙げ、それらの最高裁判例が不法行為法において法的保護に値する利益であると既に認めているものと比較しても、保護すべき程度において、勝るとも劣らないものであり、不法行為法上の保護利益に該当するというべきであるとした。

(2)　島田仁郎判事の補足意見

島田仁郎判事は「検査、治療が現在の医療水準に照らしてあまりにも不適切不十分なものであった場合には、仮にそれにより生命身体の侵害という結果は発生しなかったとしても、あるいは結果は発生したが因果関係が立証されなかったとしても、適切十分な検査、治療を受けること自体に対する患者の利益が侵害されたことを理由として損害賠償責任を認めるべき場合があることを認めるにやぶさかではない」として適切十分な検査、治療を受ける利益を認めつつ、「かかる保護法益が侵害されたというためには、単に不適切不十分な点があったというだけでは足りず、それが果たして法的に見て不法行為として過失責任を問われねばならないほどに著しく不適切不十分なものであったというべきかどうかについて、個々の事案ごとに十分慎重に判断する必要がある」とした。

⑶　才口千晴判事の補足意見

才口千晴判事は反対意見に対して、「実定法に定めのない『期待権』という抽象的な権利の侵害につき、不法行為による損害賠償を認めるものであるから、医師が患者の期待権を侵害すれば過失があるとされて直ちに損害賠償責任が認められ、賠償が認められる範囲があまりに拡大されることになる。また、医師について『患者が適時に適切な医療機関へ転送され、同医療機関において適切な検査、治療等の医療行為を受ける利益を侵害されたこと』を理由として損害賠償を認めることは、医療全般のみならず、専門的かつ独占的な職種である教師、捜査官、弁護士などについても、適切な教育、捜査、弁護を受ける利益の侵害などを理由として損害賠償責任を認めることにつながり、責任が認められる範囲が限りなく広がるおそれがある」と懸念を示した。また、反対意見の挙げる諸判例についでは、「各判例が保護利益として認めているのは、輸血を伴う手術を受けるか否かについての意思決定権、乳がんの治療方法の選択について熟慮判断の機会を与えられる利益、あるいはがんの患者が家族への病状の適時の告知によって受ける利益等の別個の保護利益であって、本件で問題になっている適切な治療等の医療行為を受ける保護利益とは本質的に異なるものである」と指摘した。「もっとも、医師の検査、治療等が医療行為の名に値しないような例外的な場合には、『適切な検査、治療等の医療行為を受ける利益を侵害されたこと』を理由として損害賠償責任を認める余地がないとはいえない」として適切十分な検査、治療を受ける利益を侵害された場合の損害賠償の余地を認めている。

右に紹介した反対意見および補足意見では、反対意見が相当程度の可能性すら認められない場合に適切な医療行為を受ける利益侵害を積極的に認容しようとするのに対して、補足意見はその利益の要保護性を認めつつも慎重な態度を示している。その懸念は、適切な医療行為を受ける利益を認容してしまうと、それが医療訴訟においてはもちろん、医師以外の専門的かつ独占的な職種である教師、捜査官、弁護士などの分野に拡大してしまうことに対して示されている。ある種の水門理論(24)を恐れているものと思われる。そして、適切な医療行為を受ける利益が侵害されたことによる損害賠償が認められるのは、その医療行為が著しく不適切不十分な場合に限られるとする。

実は、この判断枠組みは、すでに指摘したように最判平成一二年が「相当程度の可能性の法理」を採用する以前の裁判例において、また、本件の原審においてもすでに示されていた。本件原審においては、血栓溶解療法を転先専門医療機関で受けることによりその後の重篤な後遺障害が残らなかった相当程度の可能性があったということはできないとして相当程度の可能性を否定した後、「期待権侵害の成否判断において具体的結果の相違の発生を要件とすることは失当であり、生命の尊厳を脅かす粗雑診療から生じる焦燥、不安、不快感が受忍限度を超える重大なものである場合には、いわゆる期待権侵害として損害賠償請求を認めるべきである」との原告の主張に対する検討を行い、医師らの治療行為の行為態様について「このような東京拘置所の一連の措置は、確かに脳卒中の専門病院によるきめ細かな看護態勢に及ぶものではないとしても、生命の尊厳を脅かすような粗雑診療であるとはいえないのであって、それによって、一審原告Xに受忍限度を超えるような焦燥、不安、不快感等がもたらされたとも認め難い」として賠償を否定している。ここでは、期待権侵害が相当程度の可能性が認められず、最終的悪結果には影響しない杜撰な医療がなされたときに問題となるものであることを前提とし、医師の当該治療が受忍限度を超えるような粗雑医療であったかどうかの行為評価が行われているのである。そして、本件補足意見も同様の前提にたち、行為評価が必要であるとした。この見解は次に紹介する最判平成二三年において明確にされることになる。

4　最判平成二三年二月二五日判時二一〇八号四五頁(25)

Xは昭和六三年一一月にY_1病院においてY_2医師により骨接合術および骨移植術を受け、その後の抜釘のため入院するまでY_1病院においてリハビリを受けた。平成九年一〇月の段階でXは足の腫れを訴えることはあったがY_2医師は検査や治療を行うことはなかった。平成一二年二月頃左膝下から足首にかけて皮膚の変色が生じたがY_2医師は皮膚科の受診を勧め、Xは皮膚科での投薬を受けた。平成一三年一月頃左足に腫れが生じたため、Y_2医師の診療を受けたところ、レントゲン撮影を行ったのみで検査を行わなかった。結局、同年四月に鳥取大学医学部で、同年一〇月には九州大学医学部、神戸大学医学部で左下肢深部静脈血栓症、閉塞症の後遺症であると診断された。原審はY_2医師には平成九年一〇月の段階で必要な検査をするなり専門医への紹介等の措置を講ずべき義務があったとしてY_2医師の過失を認めたが、この時点においてすでに適切な治療法はなく、治療を施しても効果は期待できないからY_2の過失とXの現在の症状との間には因果関係はなく、後遺症を残さない相当程度の可能性もないとした。しかし、原審は早期に自らの症状の原因を知り、かつ、症状を悪化させないための治療、指導を受けられない状況に置かれたのであり、その精神的苦痛として三〇〇万円の賠償を認める旨判示した。それに対して上告審は「患者が適切な医療行為を受けることができなかった場合に、医師が、患者に対して、適切な医療行為を受ける期待権の侵害のみを理由とする不法行為責任を負うことがあるか否かは、当該医療行為が著しく不適切なものである事案について検討しうるにとどまる」としてY_1Y_2の敗訴部分を破棄した。

本件事案は「適切な治療法はなく、治療を施しても効果を期待できない」場合、すなわち相当程度の可能性すら認定できない事案であり、最判平成一七年の島田・才口判事の各補足意見と同じく、「適切な医療を受ける期待権侵害」のみによって慰謝料が認容されるのは、「当該医療行為が著しく不適切なものである事案」に限られるとする。つまり適切な医療がなされなかったという事実だけでは足りず、行為態様評価が必要であるということである。それでは、最判平成二三年における「適切な医療がなされなかったという事実」に加えて必要とされる行為態様評価は、不法行為の成立要件においていかに位置づけられるべきであろうか。以下において検討を行う。

四　行為態様評価の要件的位置づけと違法性判断

1　不法行為構成における行為態様評価の要件的位置づけ

最判平成一七年における補足意見、その後の最判平成二三年を経て、期待権侵害の存在意義は相当程度の可能性すら認められず、被害者に生じた最終的悪結果には影響しないが、杜撰な医療がなされたときに、なお医師を問責する点にあるとみることができる。そう考えると、期待権の主観的な側面が強く意識されると同時に要保護性が希釈されるため、カウンターバランスとしての行為態様評価が必要であると考えられるのは合理的である。[26]では、このような行為態様評価を不法行為の成立要件のどこに位置づけるべきであろうか。

近年、不法行為において保護を与えるかどうかが問題となる権利・利益が多様化してきていることが指摘されている。[27]吉田克己教授によれば、その多様化には「被侵害利益の主観化」と「被侵害利益の公共化」の二つの方向性があるとされるが、[28]それらの新しい権利、ないし利益の侵害が問題となる場面においては、それを保護すべきかどうかの判断に際して侵害行為の態様を含む多様な要素の総合判断がなされることが多い。たとえば、事故死した自衛官が護国神社に合祀されたことに対して、自衛隊員の妻が国と隊友会に対して損害賠償を請求した事例において、最大判昭和六三年六月一日民集四二巻五号二七七頁は、死去した配偶者の追慕・慰霊等に関して、護国神社がした宗教上の行為（合祀）により信仰生活の静謐が害されたとしても、それが信教の自由の侵害に当たり、その態様・程度が社会的に許容しうる限度を超える場合でない限り、法的利益が侵害されたとはいえないとした。また、NHKのニュース番組において在日韓国人の名前が日本語読みされてことに対して、日本と韓国の歴史的経緯を考慮すれば違法な行為に当たるとして慰謝料を請求したNHK氏名読み事件（最判昭和六三年二月一六日民集四二巻二号二七頁）においては、「氏名は、社会的にみれば、個人を他人から識別し特定する機能を有するものであるが、同時に、その個人からみれば、人が個人として尊重される基礎であり、その個人の人格の象徴であって、人格権の一内容を構成するものというべきであるから、人は、他人からその氏名を正確に呼称されることについて、不法行為法上の保護を受けうる人格的な利益を有するものというべきである」と氏名の呼称利益の要保護性を認めつつ、その利益は強固なものではないため、「不正確に呼称したすべての行為が違法性のあるものとして不法行為を構成するというべきではなく、むしろ、不正確に呼称した行為であっても、当該個人の明示的な意思に反してことさらに不正確な呼称をしたか、又は害意をもって不正確な呼称をしたなどの特段の事情がない限り、違法性のない行為として容認される」として、明示的な意思を表明していて、その意思に反する場合や害意がある場合には違法性が認められ慰謝料が認容されるとした。これらの諸判例において問題とされた「信仰生活の静謐」や「氏名を正確に呼称される利益」は主観的側面の強いものであり、その要保護性は他の絶対権などに比較すると相対的に弱いものであるといえる。[29] それゆえに、それらの侵害を理由とする損害賠償請求が認容されるためには行為態様評価が必要であるとされたのである。それは、最判平成二三年が示した期待権侵害に対する態度と同様であるといえよう。

右のような判例の立場をどうとらえるべきかについて、能見善久教授は「『弱い利益』を『法律上保護される利益』に格上するための違法性」としての機能に注目される。[30] つまり、呼称利益のような弱い主観的な利益が侵害された場合には「弱い利益」+「違法性」=不法行為の成立という立場が判例において示されているとされるのである。[31] 瀬川信久教授も同様に「保護の境界が不明確な無形の利益が侵害されたときには」「被侵害利益の要保護性」「加害者の主観的事情」「被侵害利益以外の諸利益」が総合的に考慮されなければならないが、判例においては「それを包括する言葉として『違法性』が使われる」と述べられている。[32] これらの見解において想定されている違法性は、相関関係説におけるそれとは異なるものである。すなわち相関関係説のように権利侵害ないし法律上保護される利益侵害要件を違法性要件に読み替えるのではなく、あくまでも権利侵害、利益侵害要件を維持したうえで、当該利益が主観的利益などの弱い利益である場合に付加的に違法性が考慮されることになる。右のように考えることで、一方では主観的な弱い利益の法的な要保護性を認めつつ、あるケースにおいては違法性がないために損害賠償を認容しないとの柔軟な判断が可能となる。最判平成一七年の補足意見においては、期待権が他の専門家責任へと拡大することへの懸念が示されていたが、このような水門理論を恐れるあまり裁判官がある利益の要保護性を認めないという事態を避けることができるであろう。違法性論に対しては権利を相対化するという批判がなされているが[33]、右の点に鑑みれば違法性論を用いた方がむしろ権利・利益保護、権利・利益の生成に資するものと考える[34]。

2　過失判断と違法性判断の関係

医療訴訟における期待権侵害が認められるためには違法性評価が必要であるとの立場にたった場合に、過失判断と違法性評価の関係について考える必要がある。

まず、医療水準をもって過失の認定を行い、そのうえで医師、医療機関の行為態様の杜撰さ、悪質性が考慮され、期待権侵害にもとづく慰謝料請求認容の可否が判断されることになるわけだが、このような判断方法に対して、「過失の判断が専ら医療行為の適切性の評価によって行われたにもかかわらず、その上で、さらに、医療行為の適切性を中心に侵害行為の悪質性を判断することは、同一行為に対して二重評価することになり、判断の客観性を保ちにくく、恣意的な判断になるおそれもあり妥当とはいえない」との批判がある[35]。そのような批判が指摘するように、たしかに加害者の行為を二重に評価せざるをえないことは事実ではあるが、過失判断と違法性評価とでは、その評価の際に重点が置かれる点は異なるものと思われる。これまでの裁判例の傾向からすると、被害者側はまず最終的悪結果に基づく賠償、そして医師の過失がなければそれらが発生しなかった相当程度の可能性侵害、そしてさらに予備的に期待権侵害を主張することになる。その場合に、まず医師の過失の認定が行われるわけだが、そこでは医療水準に適合した治療行為が措定され、実際に医師が行った治療行為がそれに乖離しているかが判断される。その際には、乖離の度合いや過失の軽重、行為の杜撰さなどは直接の評価の対象にはならない。それらは、のちの違法性評価の段階で評価対象となる。(36)

たとえば、【裁判例7】を参考にみてみると、まず、医師の過失の判断においては、当時の医療水準に従って過失の有無が判断された。すなわち、脳炎や脳卒中の疑いがある場合には、できるだけすみやかにCT スキャン等の諸検査を行い、診断を確定し、その診断に基づいた治療を行う必要があったにもかかわらず、検査を実施しなかった点を過失として認定している。当該過失と被害者の死亡との間の因果関係は否定されたが、「たとえ、医師のその作為、不作為と対象たる病患について生じた結果との間に相当因果関係が認められなくても、患者の救命の可能性が絶無ではなかったのに、医師が右義務に違反して著しく粗雑、杜撰で不誠実な医療をなしたが故に患者の救命の可能性を奪った場合には、結局、医師は右の最大限適切な治療を求める可能性を侵害したものというべく、これによって、患者側に与えた精神的苦痛を慰謝する責任がある」としたうえで、「Y医師は、Aを経過観察のため国立病院に入院させておきながらAが意識消失の重篤な状態に陥るまで一回たりともAの診察に赴いたことがなく、従って、夜勤看護婦より、元の症状に異常が認められたとして二度も電話連絡を受けながら、その都度Aを直接診断することなく、看護婦の連絡内容のみからAの症状を判断し、看護婦に抗痙攣剤、制吐剤等の投与を指示する方法で対症療法を継続しただけで確定診断に要する何らの検査も行っていないというのであるから、右Y医師の本件医療は著しく粗雑で不誠実な医療というべきである」とした。ここでは、夜勤看護婦より二回も電話を受けながらも漫然と患者の元を訪れることなく、確定診断に要するなんらの検査も行わなかったという、医師としての行為の杜撰さ、不誠実さが積極的に評価されているのである。

また、最判平成二三年以後の唯一の期待権侵害肯定例である大阪地判平成二三年七月二五日判タ一三五四号一九二頁（【裁判例9】）においても、過失の認定が行われたあと、最判平成二三年が引用され、「患者が適切な医療行為を受けることができなかった場合に、医師が、患者に対して、適切な医療行為を受ける期待権の侵害のみを理由とする不法行為責任を負うことがあるか否かは、当該医療行為が著しく不適切なものである事案について検討し得るにとどまるべきものである」としたうえで、認定された複数の過失につき個別的に行為態様評価を行い「医師が輸血手配を依頼した時刻には薬局が閉業していたとはいえ、一刻を争う緊急事態に電話連絡の過誤により三〇分も輸血の手配が遅れ、これによって輸血の開始も本来あるべき時点から三〇分も遅れたことは、重過失ともいうべき著しく不適切な措置と評価せざるを得ない。」としている。

右に述べたように、過失判断と違法性判断においては評価の対象の重複を完全には避けられないものの、重点が置かれるポイントは異なるのである。

3　債務不履行構成の場合

すでに述べたように、最判平成一二年によって相当程度の可能性法理が示される以前においては、延命利益侵害すら認められない場合に、なお医師を問責する手段として債務不履行構成が多く用いられていた。最判平成一二年以後はあまりみられなくなったが、最判平成一七年および最判平成二三年をきっかけに期待権の議論が盛んに行われるようになると、債務不履行構成が散見されるようになった。その一例をみてみよう。

【裁判例10】福岡地判平成二五年一一月一日判例集未登載

被告医師Yの訪問診療及び訪問看護を受けていたAの相続人である原告Xらが、被告に対し、Aが大腸癌で死亡したことについて、被告の医師に検査義務違反があったとして、Aが気管切開部の気切カニューレ交換の際に出血し、呼吸不全に陥ったことについて、被告の医師に手技上の過失があったとして、Aが左大腿骨骨折を負ったことについて、被告の医師に安全配慮義務違反又は説明義務違反があったとして、不法行為又は債務不履行に基づき損害賠償を請求した。裁判所は、便潜血検査後、CEA検査及び腹部エコー検査実施を怠ったYの過失を認めたが、当該検査を実施しても有効な治療法は存在せず、またAが死亡した時点においてAが生存していた相当程度の可能性も認められないとした。しかし「被告には、上記のとおり、CEA検査及び腹部エコー検査を実施するという具体的に特定された診療契約上の債務についての不履行があったことが認められるのであって、それにより、実際に大腸癌に罹患していることの確認が約半年遅れたのであるから、Aは、著しい精神的苦痛を被ったものと認められる。これは、一般的抽象的に『患者が適切な医療行為を受けることができなかった場合に、医師が、患者に対して、適切な医療行為を受ける期待権の侵害のみを理由とする不法行為責任を負うこと』（最高裁平成二三年二月二五日判決参照）を認めるものではなく、医師（医療法人）と患者との間の診療契約上、具体的に発生した債務の不履行責任の問題として捉えられるべきものである。そして、被告の債務不履行の態様、結果、Aの症状等の事情を総合勘案すれば、その精神的苦痛を慰謝するには一八〇万円が相当である」として慰謝料を認容した。

【裁判例10】は、最判平成二三年を引用しつつも期待権侵害構成を採用せずに債務不履行の問題として捉え、慰謝料を認容している。これは、すでに紹介した債務不履行構成を用いる諸判例と同様であるが、【裁判例10】においては、行為態様評価を行うことなく慰謝料が認容されている点が注目される。この点について、平野哲郎教授は債務不履行構成であれば期待権侵害構成のように、行為評価を経ずに債務不履行の事実のみで足りるという違いが生じることになり、債務不履行構成が被害者にとって有利であるとされる。[37] この点についていかに考えるべきであろうか。

平野教授のように考えた場合、医療行為に医療水準との乖離があるが、不誠実、杜撰とは言えない場合に不法行為構成では賠償が認容されず、債務不履行構成では賠償が認容される結果となる。多くの医療訴訟においては、①作為または不作為に基づく生命・健康被害が高度の蓋然性のもとで判断され、その因果関係が認められない場合において、②相当程度の可能性侵害の有無が判断され、さらに③予備的に期待権侵害が判断される。その際に、①の段階ではどちらの構成でも結果は変わらないことは学説上の定説となっており、②の段階については、最判平成一六年が債務不履行構成においても別異に扱われないことを明言していることから、相当程度の可能性侵害が認められるか否かの判断も法律構成の違いに影響を受けないと考えられる。そうすると、その次の段階での判断である③において法律構成により結果が異なる可能性が生じる。

ところで、【裁判例10】はなぜ最判平成二三年を引用しつつ医師（医療法人）と患者との間の診療契約上、具体的に発生した債務の不履行責任の問題として捉えたうえで慰謝料を認容したのであろうか。【裁判例10】の事例においてAは、平成一八年一月ころから継続的にYの訪問診療を受けており、Yの過失とされる平成二〇年七月末頃にCEA検査及び腹部エコー検査を行うべきであったにもかかわらずそれを行わなかった点について、A側が医師に対してそれら検査を行うことを希望していたにもかかわらずYがそれを行わなかったという事情がある。すなわち、

YとAとの間で継続的、長期的な診療契約が締結され、さらに当該治療については、A側が希望した治療行為であり、診療契約上Y側が引き受けていた治療を行わなかったという点が特徴的である。判旨も「具体的に特定された診療契約上の債務についての不履行があった」ため大腸癌に罹患していることの確認が半年遅れたのであるから「著しい精神的苦痛を負った」としており、「適時に適切な医療を提供する診療契約上の債務」、すなわち抽象的な債務の不履行の場合とは異なる。(38) 本件事案のように、特定の診療を行うことを診療契約上合意しておきながら、それを実施しなかった場合は別異に解しうる可能性はあるとしても、債務不履行構成においても期待権侵害構成と同様に行為態様評価は必要であると考えられる。たしかに、診療契約を締結すれば、病院側には医療水準に即した医療行為を行う債務があり、それを履行しなければ債務不履行である。しかし、債務不履行であることと、その効果としての慰謝料請求が認められることは別の問題である。(39)

そもそも、債務不履行の際の慰謝料請求については、わが国ではほとんど議論がみられない状況であるが、(40) その点につき比較的詳細に述べている北川善太郎教授(41)によれば、慰謝料が賠償されるべき類型として、①目的物が被害者にとって特別の主観的・精神的価値を有する特殊な者である場合、②侵害の方法が著しく反道徳的であるか、被害者に対して著しく精神的苦痛を伴う状況の下で加害行為が行われた場合、③積極的債権侵害のごとく、被害者の生命自体が侵害された場合が挙げられている。【裁判例10】のような事例は、②の類型ということになろうが、ここでは当該行為の反道徳性などの行為態様の評価が必要であるとされている。また、すでに述べたように、これまでの多くの下級審裁判例においても行為態様評価が行われてきた。それは、相当程度の可能性が認められない場合に、なお医師を問責するうえでのカウンターバランスとして要求されてきたものであるし、それを債務不履行構成の場合だけ別異に解する必要はないものと思われる。期待権侵害構成を採用するにしても、債務不履行構成を採用するにしても、法益の三段階構成でいうところの最後の構成としての受け皿的機能を有するわけであり、最判平成一七年の補足意見が示した懸念にもあるような専門家責任の拡大に歯止めをかけるためにもその認定は慎重であるべきであろう。(42) ただし、債務不履行構成はそもそも期待権侵害構成に対する批判を回避するために用いられたきらいがあり、最判平成二三年が期待権侵害による慰謝料請求の途を認めた現在、【裁判例10】のような特殊な事案を除いては債務不履行構成が頻繁に用いられるとも考え難い。

五　まとめにかえて

以下、本稿で検討した内容をまとめることにする。昭和五〇年代初期において、期待権侵害構成は、もともと延命利益侵害構成と混同され、未分化の状態にあったが、徐々に純化が進み、延命利益すら認められない場合に、なお被害者を救済する法理として理解されるにいたった。しかし、期待権概念に対する批判も多く、延命利益侵害が認められない事例においては、期待権という通有的な権利の媒介を必要としない、債務不履行構成を用いる裁判例が多くみられた。期待権侵害構成、債務不履行構成どちらによるにしても、延命利益すら認められない場合に、医師を問責するものであるため、そのカウンターバランスとして医師の診療行為の杜撰さ、過失の重大さなどの行為態様評価を行ったうえで慰謝料を認容する裁判例が多くみられた。最判平成一二年により相当程度の可能性の法理が提示されたのちは、同法理との関係性が不明確であったため、期待権侵害構成を用いる裁判例は減少したが、最判平成一七年の反対意見、補足意見、最判平成二三年の登場により、期待権の存在意義は最終的な悪結果が発生しなかった相当程度の可能性すら存在しない場合に、なお医師を問責し被害者を救済する法理として理解され、同時に最判平成二三年は、慰謝料が認容されるためには加害者の行為態様評価が必要である旨を判示したのである。これは、期待権が延命利益すら認められない場合になお医師を問責するための法律構成として理解されていた段階での多くの裁判例の傾向を踏襲するものであるといえる。また、期待権の存在意義を右のように理解するのであれば、同権利の主観的な側面が強くなり、そのカウンターバランスとして付加的な要件が加えられることは妥当だといえる。

近年、不法行為法における被侵害利益の主観化の動きが指摘されているが、その主観的な利益について扱う多くの判例において、それを保護すべきかどうかの判断に際して侵害行為の態様を含む多様な要素の総合判断がなされることが多い。本稿では、期待権侵害の判断において行われる行為態様評価は違法性要件であることを指摘した。ここで挙げる違法性判断は、従来の相関関係説のように権利侵害要件を違法性要件に置き換えるものではなく、主観的利益のような弱い利益を法的に保護される利益として昇格させるための付加的要件である。この違法性判断を行うことによって生成途上の弱い利益の要保護性を認めつつ、その具体的事案においては違法性がないゆえに賠償を否定するという柔軟な解決を行うことができるし、水門理論を恐れて裁判官が当該利益の要保護性を認めないという事態を回避することができるであろう。

右のように期待権侵害における慰謝料認容の判断の際に行われる行為態様評価を違法性判断と理解した場合に、過失判断との関係が問題となるが、過失判断においては、主に医療水準と乖離しているかが判断されるのに対して、違法性判断ではその乖離の度合い、過失の重大性、行為の杜撰さなどが判断されるので、完全な重複は避けられないものの、重点が置かれる判断のポイントは異なることになろう。

(1) 評釈として、櫻井節夫「人工妊娠中絶後における死亡事故について、術前の身体状況の検査、術後の患者看視体制に医師の懈怠があるとした事例」判例評論二三二号(一九七八年)一三七頁。
(2) 櫻井・前掲注(1)一四一頁。
(3) 稲垣喬「延命利益の評価と検討」判例タイムズ五一三号(一九八四年)八六頁。同様の批判として、渡邉了造「過失あるも因果関係がない場合の慰謝料」判例タイムズ六八六号(一九八九年)六九頁。
(4) 饗庭忠男『医療事故の焦点——最近の判例理論の分析を中心として〔初版〕』(日本医事新報社、一九八二年)七八頁。
(5) 新美育文「癌患者の死亡と医師の責任——『期待権侵害』理論の検討」ジュリスト七八七号(一九八三年)八一頁。
(6) 王冷然教授によれば「この段階での多くの裁判例は、独立の保護法益として『期待権』を扱うのではなく、延命可能性の存在が潜在的要件として、期待権侵害を認めている」とされる(王冷然「医療行為おける患者の期待権——医師の行為義務からのアプローチ」徳島大学社会科学研究二七号〔二〇一三年〕一六頁)。
(7) 吉田信一「致命的疾病に罹患していた患者が医師の義務違反により被った損害」千葉大学法学論集六巻三・四号(一九九二年)一五九頁。
(8) 石川寛俊「治療機会の喪失による損害——期待権侵害論再考」自由と正義三九巻一一号(一九八九年)三一頁、同「期待権の展開と証明責任のあり方」判例タイムズ六八六号(一九八九年)二七頁。
(9) 畔柳達雄「胃スキルス癌誤診事件」医療過誤判例百選(一九八九年)三八頁、加藤良夫「未熟児網膜症の白内障誤診事件」医療過誤判例百選〔初版〕(一九八九年)八一頁、石川・前掲注(8)「期待権の展開と証明責任のあり方」二七頁。
(10) 評釈として、田井義信「患者が激症脳炎で死亡した場合につき、担当医師が経過観察上尽くすべき注意義務を怠った過失を認めたが、右過失と患者の死亡との間には因果関係がないとされた事例」判例評論三六八号(一九八九年)一九四頁。

(11) 評釈として、五十嵐清「医師の義務違反を理由に慰謝料を認めた例」年報医事法学二号（一九八七年）一二七頁。
(12) 評釈として、高嶌英弘「未熟児網膜症の不誠実診療に基づき契約責任を肯定した事例」年報医事法学七号（一九九二年）一五一頁。
(13) 評釈として、西三郎「人間ドック検査の判定ミスによる、早期発見・早期治療の期待権の侵害」年報医事法学九号（一九九四年）一三二頁、松浦以津子「人間ドック（受診者の期待権）」医療過誤判例百選〔第二版〕（一九九六年）一九〇頁。
(14) 浦川道太郎「いわゆる『期待権』侵害による損害」判例タイムズ八三八号（一九九四年）五八頁。
(15) 山嵜進「診療債務の不履行と死亡との因果関係が肯定されない場合の損害の成否」ジュリスト九四九号（一九九〇年）一二六頁以下。
(16) 石川・前掲注（8）「期待権の展開と証明責任のあり方」二八頁。
(17) 最判平成一二年以降の裁判例の網羅的分析を行う研究は、橋口賢一「『相当程度の可能性』をめぐる混迷」富大経済論集五三巻二号（二〇〇七年）二九頁以下、石川寛俊＝大場めぐみ「医療訴訟における『相当程度の可能性』の漂流」法と政治六一巻三号（二〇一〇年）八一頁以下、など多数にのぼるが、本稿では相当程度の可能性法理と期待権侵害構成が用いられる境界線を明らかにするという視点から、最高裁判決を中心に分析する。
(18) 渡辺達徳「医師の過失ある医療行為といわゆる『期待権』侵害による不法行」法学セミナー五五五号（二〇〇一年）一〇四頁。
(19) 最判平成一二年の直後には相当程度の可能性法理を用いずに期待権侵害構成を採用する裁判例が散見される（那覇地判平成一二年一〇月一七日判タ一一一一号一七二頁、東京地判平成一三年三月一二日判タ一〇八九号二三八頁など）。
(20) 杉原則彦『最高裁判所判例解説民事篇・平成一二年度（下）』八六三頁。
(21) 本件評釈として、角田美穂子「スキルス胃癌で死亡した患者の『相当程度』の延命可能性と医師の責任」法学セミナー四九巻九号（二〇〇四年）一一二頁、飯塚和之「内視鏡再検査の不実施と相当程度の生存の可能性の有無」判例タイムズ一一五七号（二〇〇四年）一一四頁、寺沢知子「医師の検査義務不履行と相当程度の生存可能性への侵害」民商法雑誌一三一巻一号（二〇〇四年）一四五頁、手嶋豊「スキルス胃がんにより死亡した患者について胃の内視鏡検査を実施した医師が適切な再検査を行っていれば患者がその死亡の時点においてなお生存していた相当程度の可能性があったとして医師に診療契約上の債務不履行責任があるとされた事例」判例評論五五二号（二〇〇五年）一七八頁など。

(22) 米村滋人「『相当程度の可能性』法理の理論と展開」法学七四巻六号（二〇一一年）二四三頁、寺沢知子「医療における『相当程度の可能性』の不存在とさらなる保護法益」加賀山茂先生還暦記念『市民法の新たな挑戦』（信山社、二〇一三年）五七三頁。

(23) 本件評釈として、塩崎勤「拘置所に勾留中の者が脳こうそくを発症し重大な後遺症が残った場合に国家賠償責任が認められなかった事例」月刊民事法情報二三七号（二〇〇六年）七〇頁、円谷峻「拘置所での脳梗塞の発症と転送義務の有無」法律のひろば五九巻九号（二〇〇六年）六八頁、橋口賢一「拘置所に勾留中の者が脳こうそくを発症し重大な後遺症が残った場合について、速やかに外部の医療機関へ転送されていたならば重大な後遺症が残らなかった相当程度の可能性の存在が証明されたとはいえないとして、国家賠償責任が認められなかった事例」法律時報七八巻一〇号（二〇〇六年）七七頁、手島豊「転送義務違反による患者の法益侵害とその証明」民商法雑誌一三五巻一号（二〇〇六年）二二一頁など。

(24) Kötz-Wagner, Deliktsrecht, 12. Aufl., 2013, Rn. 260.

(25) 本件評釈として、吉田邦彦「適切な医療行為を受ける期待権の侵害のみを理由とする整形外科医の不法行為責任の有無」判例評論六三二号（二〇一一年）一七六頁、平野哲郎「適切な医療行為を受ける期待権侵害の不法行為の成否」民商法雑誌一四五巻二号（二〇一一年）一〇七頁、橋口賢一「適切な医療行為を受ける期待権の侵害のみを理由とする整形外科医の不法行為責任の有無」法律時報八四巻八号（二〇一一年）一一六頁、円谷峻「適切な医療行為を受ける期待権の侵害のみを理由とする整形外科医の不法行為責任の有無を検討する余地がないとされた事例」法の支配一六五号（二〇一二年）二一三頁など。

(26) 吉田・前期注（25）一七六頁。

(27) 吉村良一『市民法と不法行為法の理論』（日本評論社、二〇一六年）二一七頁。

(28) 吉田克己「現代不法行為法学の課題」法の科学三五号（二〇〇五年）一四三頁以下。

(29) 権利・利益の強弱をどのように考えるかは相関関係説以来の難点であるがヨーロッパ不法行為法原則２・１０２条が保護される利益の段階を示しており、参考となる（European Group on Tort Law, Principles of European Tort Law: Text and Commentary (2005)）。

(30) 能見善久「新しい法益と不法行為法の課題　総論・本シンポジウムの目的と視点」NBL九三六号（二〇一〇年）一四頁。

(31) なぜ主観的利益の場合に侵害行為の違法性が必要であるかについて、能見教授は以下のように説明される。すなわち、主観的利益とは本人が自分に対して抱いているイメージであり、侵害者はそれとは別のイメージを提示したことになる。その双方の認識が異なるイメージについては正しさを評価する客観的な基準が存在しない。本人の主張するイメージは尊重するがそれが主観的で一般性がないことを考慮して、不法行為的保護を受ける条件として侵害行為の違法性が要求されるのである（能見・前掲注（30）一四頁）。

(32) 瀬川信久「民法七〇九条」広中俊雄＝星野英一編『民法典の百年Ⅲ』（有斐閣、一九九八年）六二六頁。

(33) 違法性論に対する批判については、松原孝明「違法性論と権利論の対立について・序論」上智法学論集五九巻四号（二〇一六年）一六七頁以下を参照。

(34) 窪田充見『不法行為法〔第二版〕』（有斐閣、二〇一八年）一四九頁以下。また、松原・前掲注（33）も参照。

(35) 王・前掲注（6）四二頁。

(36) 金丸義衡「医療過誤における期待権侵害」甲南法学五三巻二号（二〇一二年）一九七頁によれば、「過失よりも厳しい行為評価を再度行う」とされる。

(37) 平野哲郎『医師民事責任の構造と立証責任』（日本評論社、二〇一八年）三六六頁。

(38) 平野・前掲注（37）三六六頁。

(39) 渡邉判事は、期待権侵害に基づく慰謝料請求を批判する文脈の中で精神的苦痛は法益侵害に基づくものであり債務不履行それ自体に基づくものではないと述べられている（渡邉・前掲注（3）六九頁）。また、吉田・前掲注（7）一五九頁も参照。

(40) 柳澤秀吉「債務不履行における慰謝料の請求」中川淳先生還暦祝賀論集『民事責任の現代的課題』（一九八七年）一八六頁、金山直樹「債務不履行における慰謝料の賠償」同志社法学六〇巻七号（二〇〇九年）五三頁以下。

(41) 谷口知平＝加藤一郎編『新民法演習３債権総論』（有斐閣、一九七九年）六三頁［北川善太郎執筆］。

(42) 橋口賢一「法益としての『相当程度の可能性』」富大経済論集五二巻五号（二〇〇六年）五九頁。

医療過誤訴訟における期待権侵害とその立証

――因果関係の立証との関係

長島光一

一　はじめに
二　期待権の一般理論と医療過誤訴訟における変容
三　医療過誤訴訟における期待権侵害の判例とその評価
四　因果関係の立証と期待権侵害の関係性
五　期待権侵害論の立証のあり方
六　まとめ

一　はじめに

期待権とは、一般的に、将来一定の事実が発生すれば一定の法律的利益を受けることができるという期待又は希望を内容とする権利であるといわれている。しかし、医療過誤訴訟においては、医師が医療水準にかなった医療行為を行わず、診療上の注意義務に違反したにもかかわらず、その注意義務違反による行為と患者の死亡等の結果との間の因果関係が立証できない場合において、医師が適切な医療を求める患者の期待を裏切ったことによって患者が被った精神的苦痛に対して損害賠償を負うものとして用いられてきた考え方である。

医療過誤訴訟における因果関係の立証は、「高度の蓋然性」という判例理論が確立しているが、そのハードルの高さをどのように乗り越えるべきなのか、期待権理論を含めて、理論的にも学説的にも試行錯誤が行われてきた。そうした中、最判平成一二年九月二二日民集五四巻七号二五七四頁（以下、「平成一二年最高裁判決」とする）で「医療水準にかなった医療が行われていたならば患者がその死亡の時点においてなお生存していた相当程度の可能性」という新たな法益侵害を設けることで、その問題はある程度解消され、実務的にも落ち着きを見せる状況となった。

しかし、最判平成二三年二月二五日集民二三六号一八三頁（以下、「平成二三年最高裁判決」とする）では、再び期待権の存在を明らかにしているようにも思えるが、その具体的な内容は曖昧なままである。

そこで、本稿では、改めて期待権侵害がどのようなものかを、これまでの判例・学説から再整理をしつつ、その中身と法的な位置づけを明らかにしていきたい。そして、民事訴訟法学の観点から立証との関係性に注目し、どう

すれば認められ得るのか、実践的な観点からも考察をしてみたい。(1)

二　期待権の一般理論と医療過誤訴訟における変容

1　一般的な期待権

期待権とは、「将来一定の事実が発生すれば一定の法律上の利益を受けられるであろうという期待を持つことができる地位」である。(2) 期待権の法律上の保護は期待権の種類によって異なり、条件付権利の保護として用いられる。(3) また、番組編集権の場面や労働法の場面、(4) 保険法の場面でも適用事例がある。(5)

このように、期待権侵害は、いまや、多様な分野で認められており、各分野での議論が展開されている。

2　医療過誤訴訟における期待権の登場

医療過誤訴訟においては、当該医療過誤がなければ当該患者が死亡することはなかったという関係（因果関係）が必要となる。しかし、その立証は、医療行為が未解明の分野を残す人間の身体や病理現象に対して行われることに加え、医療行為は通常既に疾病にり患している患者に行われるものであることから、結果が発生しても当該医療行為によるものか当該疾患によるものか不明であることが多い。(6) また、証拠資料の偏在の問題もある。(7)

こうした問題状況の中で、因果関係が否定される場合にも、医療機関の責任を認める理論として、判例・実務上、期待権侵害論が採用されてきた。[8] 期待権侵害論とは、「医師の診察を受ける患者は、医師による適切な医療を受けられるものと期待しているのであり、この期待は、いわば期待権として法的に保護されるべきであって、医師はこの期待を裏切ったことによる精神的損害を賠償しなければならないという考え方」[9]である。これを言い換えると、「医師が医療水準にかなった医療行為を行わず、診療上の注意義務に違反したにもかかわらず、その注意義務違反と患者の死亡等の結果との間の因果関係が立証できない場合において、医師が適切な医療を求める患者の期待を裏切ったことによって患者が被った精神的苦痛に対して損害賠償を負うという考え方」[10]になる。

期待権侵害は、東京地判昭和五一年二月九日判タ三三八号二七八頁でその内容が認められ[11]、福岡地判昭和五二年三月二九日判時八六七号九〇頁で期待権侵害という用語も用いられ[12]、その後、裁判例の集積がなされていった。[13] もっとも、裁判例によってその「期待」の内容の理解は分かれている。

しかし、一方で、期待権理論の評価として、「期待権は学説によって主導されたものではなく、判例の中で、すなわち担当裁判官の具体的妥当性を求める努力の結果として現れたものであるために、事案ごとに理論構成に微妙な相違があり、期待権の概念を一義的に定義することは、困難である」[14]という指摘にあるように、何を期待権とみるかの議論は必ずしも十分に尽くされてこなかった。[15] これは、医師に対する期待というような主観的感情利益は法的保護の適格性に欠けるという批判も含まれていよう。そこで、期待権侵害論が保護しようとした患者の利益を客観的な側面から捉え直そうという動きもあった。[16]

こうした方向性に対し、治療機会の喪失という考え方がある。これは、医師が適切な時期に医療水準に適った治療を行わなかったことによって、患者にとっては医師から適切な時期に適切な治療を受けて健康を回復する機会が奪われたことになると捉えて、そのことによって患者が被った精神的苦痛に対する慰謝料支払義務を認めようとするものであり、東京高判平成八年九月二六日民集五四巻七号二六一一頁（平成一二年最高裁判決の原審）で言及され認められている。

これと類似するものして、延命利益論がある。この延命利益論には、延命可能性侵害型と延命蓋然性侵害型がある。延命可能性侵害型とは、死亡時点における延命可能性を延命利益と捉え、医師の過失によって侵害され得る患者の法益と位置づけるものであって、患者が死亡した事例について期待権侵害論が保護しようとした患者の利益を延命可能性に求めるものであり、延命蓋然性侵害型とは、医療水準に適った医療行為が行われていたならば患者がその死亡の時点においてなお生存していた相当程度の可能性を意味するものである。

こうした治療機会の喪失という考え方や延命利益論は、期待権という主観的かつ抽象的な権利・利益を、治療機会という明確な基準の有無に置き換えたり、延命できたか否かという利益の問題に焦点を当てることで、その権利・利益の明確化を試みたものと位置づけることができよう。

3　期待権侵害をめぐる裁判例のゆらぎとその類型

期待権論が登場して以降、平成二三年最高裁判決までの間に、期待権侵害に言及した多くの裁判例がある。しかし、一言に期待権といっても、その捉え方については、裁判例によって理解が異なっている。これは、相当程度の可能性論が登場した以降も同様であり、期待権が何を指し示すのかは今日においても定かではない。平成二三年最高裁判決前の議論ではあるが、今日でも期待権の内容について不明確である以上、改めてその内容を振り返りつつ検討する必要がある。そこで、裁判所が期待権をどのように理解してきているのか、これまでの裁判例で「期待（権・利益）」が登場する裁判例を整理してみたい。(17)なお、以下の裁判例につき、原告X（死亡した患者A）、被告Yとして表示する。

(1) 機会喪失説

まず、裁判例の中には、期待権を適切な治療機会の喪失と理解するものがある（機会喪失説）。

東京地判昭和六〇年九月一七日判時一二〇一号一〇五頁（認容額・四〇万円〔二〇万円×二人〕）は、肺癌の発見の遅延、救命可能性なしとされた事例であるが、「医師が肺がんのような重大な疾患を看過し、そのため当該患者が適切な治療、看護の機会を奪われたときは、たとえこれによって救命又は相当期間の延命がはかられなかったことが認められない場合においても、医師による前記義務の不履行によって右の機会を不当に奪われたことによって受けた精神的損害についてその慰謝料の賠償を求めることができると解するのが相当である（原告が期待権の侵害と称するのもこのような趣旨をいうものと解される。）」とし、期待権を適切な治療、看護の機会を奪われることと理解しているようにみえる。

東京地判平成四年一〇月二六日判時一四六九号九八頁（認容額・三〇〇万円、弁護士費用合計二五万円）は、人間ドックにおいて、異常があるのに精密検査を促さなかった事例であるが、「被告Yと人間ドック診療契約を締結することにより、異常を疑わせる兆候があればその告知を受け、併せて適切な指導を受けることにより大腸癌を含む疾病の早期発見、早期治療の機会を得ることを期待していたというべきであり、右期待は法的保護に値するものというべきである」として、同様の理解をしている。

松山地判平成一〇年三月二五日判タ一〇〇八号二〇四頁（認容額・五〇〇万円）は、誤診により精密検査をしなかった事例であり、「生命の危険に直結する重大な疾病に罹患した患者としては、担当医師に対し、その徴候があれば早期発見のための検査を受け最善の治療を受けることを期待して当然というべきであり、本来実施されるべき検査が行われたとしても死亡が避けられない場合であっても、当該検査の実施により重大疾病の早期発見、早期治療により、一定の蓋然性をもって延命の可能性が期待できる場合には、かけがえのない生命の尊厳という観点からして、その期待は法的保護に値するというべきである」とし、「かかる患者が担当医師の過失によって右期待権を侵害された場合には、これによって被った精神的苦痛に対する慰謝料請求権を有すると認めるのが相当である」とする。

東京地判平成一三年二月二八日判タ一〇八六号二六一頁[18]（認容額・二〇〇万円）は、糖尿病患者に対する救命救急医療措置が問題となった事例で、救命期待権の可否が論じられ、「被告Yらの医療行為とAの死亡との間に因果関係は認められないものの、Aとしては、被告Yらの過失によって適切な救急救命処置を受ける機会を奪われ、精神的苦痛を与えられたものというべきであるから、その損害の賠償を請求し得るものというべきである」としている。

東京地判平成一六年一月二二日判タ一一五五号一三一頁[19]（認容額・一二〇万円）は、未決拘留中の被告人の脳梗塞により、重大な後遺障害が生じた事案である。そこでは、「原告Xが専門の医療施設での経過観察、治療を受けられなかったことによる期待権侵害の主張が理由がないことはさきに判示したとおりであるが、原告Xから血栓溶解療法を受ける機会を奪うことについては、これを期待権侵害と呼ぶか否かは別として、原告Xから本件後遺障害という、生命侵害にも比肩すべき重大な後遺障害を免れる機会を奪うことであって、原告Xが自らの生命・身体に関して有している人格的利益を侵害するものというべきであり、それによって生じた精神的損害については、賠償責任が発生するものというべきである」として、期待権という用語を用いない選択をしつつも、これまでの裁判例のように、治療機会の喪失につき、権利侵害を認めている。

(2) 延命可能性説

次に、期待権を延命や救命の可能性の喪失と理解するものがある（延命可能性説）。

東京地判平成五年一月二八日判時一四七三号六六頁（認容額・二〇〇万円）は、誤診に対する債務不履行を求めた事例であるが、「ところで、患者は医師に対し、その当時の医療水準による適切な診療を求めてその診察を受けるのであるが、適切な診断が行われたとしても、既に現在の医療水準から見て既に、延命の見込みが全くなく、なす術がないことが明らかで、座視する他がないことが明白な場合は格別、そうでない場合には、例え重篤な状況にあって、いずれ死を免れないことが判っていたとしても、その生命の維持又は延命に向けて真摯な治療を続けるのが一般であるし、またそうすべきであり、そのような治療を求める患者の期待は合理的なものとして法的に保護されるべきである」とし、「医師は患者に現代の医療水準による適切な診療を施さなければならないという職業上の義務を遂行できるよう研鑽を怠ってはならない」とも述べた判決がある。これは、治療という行為ではなく、延命に焦点を当てて権利侵害を認めている点が特徴的である。

金沢地判平成一〇年二月二七日判時一六七〇号五八頁（認容額・五〇〇万円）は、療法の実施時期の遅れの事例で、救命期待権が争点になった事例である。「重篤な症状により病院に入院した患者は、診療契約の内容として、適切な診察及び治療を求めることができるが、その中には、死亡率が高く救命が比較的困難とされる場合であっても、救命についてある程度の期待がもたれ臨床医学上有用とされる治療方法がある以上、その時点の医療水準に照らして最も適切とされる治療を受けることによって救命を期待する権利すなわち救命期待権が含まれると解される」とし、「本件においては前記のとおり、被告病院担当医師の過失により、本件疾病である急性肺塞栓症に対して医学上有効とされる凝固阻止療法及び血栓溶解療法が実施された時期が数時間遅れ、そのため、Aは、より早期に右療法を受けることによって期待しえたある程度の救命可能性を喪失したものと認められ、したがって、被告YはAに対し、その救命期待権を侵害した不法行為（使用者責任）による精神的損害の賠償義務を負うものというべきである」とし、救命しえたこと（延命しえたこと）に権利侵害を見出している。そして、「原告らは、その主張において、明示的には、Aの死亡による損害の賠償のみを求めており、右のような救命期待権の侵害による損害を具体的に主張して賠償を求めることはしていないのであるが、救命期待利益の侵害による慰謝料は、その救命可能性が蓋然的とまでいえる程度に高まった場合には死亡による慰謝料とされるものであって、その性質上、死亡による慰謝料の請求に内包されうるものと理解できるから、原告Xらの右のような主張、請求を前提とした上でもなお、当裁判所は、右に判示した救命期待権の侵害に基づく慰謝料について、判断しうるものと解される」と続けている。

仙台高秋田支判平成一〇年三月九日判時一六七九号四〇頁（認容額・一二〇万円）は、がんの告知をしなかった事例であるが、[20]「医師が前記義務を尽くして家族関係についての情報収集にあたり、その結果、控訴人らと連絡を取るなどして、何らかの形で控訴人らのうちの誰かと接触を持っていれば、家族に対する癌告知が適当であるとの判断に達することも十分にあり得たものというべきであり、その場合には、よりも早い段階で控訴人らに対して亡A

の癌告知がなされ、控訴人らにおいても、亡Aに対して、より納得のいく医療を施したり、より多くの時間を亡Aと過ごすことなどにより、亡Aとの残り少ない人生を充実させることを期待し得たというべきである」し、延命という言葉は出していないが、残りの人生の充実というところに重点を置いており、これも延命可能性を重要視している判決といえよう。

(3) 利益侵害説

そして、「期待権」という権利構成を取らずに、法的に保護される地位としての期待をする法的利益と理解するものがある(利益侵害説)。

大阪地判平成元年六月二六日判タ七一六号一九六頁(認容額・二〇〇万円)は、頚椎の椎弓切除手術に先立ってミエログラフィーを実施しなかった事例であるが、「原告Xは明示的には前述のような適切な診療行為を期待する利益の侵害としての不法を主張しているわけではないが、ミエログラフィーの省略を被告の過失として主張している以上、当然右のような期待利益侵害の主張も包含されると考えられるので、弁論主義違反の問題は生じない」とし、期待権ではなく、期待する「利益」の侵害を認めている。

仙台高判平成二年八月一三日判タ七四五号二〇六頁(認容額・三〇〇万円、弁護士費用四五万円)は、未熟児網膜症の事例であるが、[21]「診療契約から発生する債務は、他の財産上の契約における債務と異なり、患者の意思から専門的知識、技術とその誠実かつ真摯な診断、治療の提供を受けることが当然に期待されるのである。そして、診療契約において右のような信頼関係が成立しているからこそ、患者は安心して、医師に事故の生命、健康の管理を委ねるのである」とし、「右のような信頼関係は、医療行為に内在し、診療契約の中核的内容を形成するものであり、しかも、右の信頼関係を基礎とする診療契約から生ずる債権債務は、人倫的色彩の強いものではあるが、いわゆる期待権ではなく、法的に保護される一種の法的地位と観念するのが相当である」とする。「しからば、仮に、当時の医療水準に照らして、医師の診療行為と事故との間に因果関係が認められず、または結果に対して医師の責任が認められない場合であっても、医師をはじめとする医療従事者が著しく患者の期待に反し、または信頼を裏切るような杜撰かつ不誠実な診療行為に及んで、右患者の法的地位を違法に侵害した場合には、診療契約を結んだ医療機関は、患者側に対して、債務不履行の責任を負い、精神的損害を含む損害賠償義務を負うものと解するのが相当である」とし、権利構成ではなく、法的に保護される法的地位を保護対象としている。

(4) 相当程度の可能性説

こうした理解に対し、平成一二年最高裁判決以降は、これまでとは異なる理解の裁判例も増える。それが、期待権の内容を、「その死亡の時点においてなお生存していた相当程度の可能性」の有無と理解するものである（相当程度の可能性説）。

その萌芽ともいえるものとして、平成一二年最高裁判決前の東京地判平成七年三月二四日判時一五四六号四二頁（認容額・二〇〇万円）がある。本件は、乳がんの転移の事例であるが、過失と死亡との間の因果関係を認めつつも、「期待」という用語を用いている。[22]「期待される作為義務（本件でいえば九月二〇日の時点での転院させる義務）が果たされていたら、その結果としてAの死亡が起きなかった可能性が具体的な数字をもって立証される場合には、作為義務違反の過失と結果との間に、右数字の割合に応じた因果関係の存在を認めた上で、その割合による責任を被告に負わせることが相当である」とし、割合的因果関係を認めている点も興味深いが、転送義務違反による行為と死亡との間の因果関係ではなく、死亡しなかった可能性を立証することにより、責任を認めている点に、後の最高裁判例につながる考えを指摘している。

そして、平成一二年最高裁判決後、東京地判平成一三年七月四日判タ一一二三号二〇九頁（認容額・二〇〇万円〔四〇万円×五人〕）は、心電図検査実施しなかった事例であるが、「原告Xらは、被告Y_1を含むB病院の医師ら及び被告Y_2〔筆者注・学校法人〕の義務違反とAの死亡との間に因果関係が認められないとしても、Aには適切な治療を期待する権利があるところ、この期待権が侵害されたから、Aは慰謝料請求権を有する旨主張するので、検討する」とし、「この点については、疾病のため死亡した患者の診療に当たった医師の医療行為が、その過失により、当時の医療水準にかなったものでなかった場合において、上記医療行為と患者の死亡との間の因果関係の存在は証明されないけれども、医療水準にかなった医療が行われていたならば患者がその死亡の時点においてなお生存していた相当程度の可能性の存在が証明されるときは、医師は、患者に対し、不法行為による損害を賠償する責任を負うものと解するのが相当である」と平成一二年最高裁判決を参照しつつ、「これを本件についてみると、〔略〕被告Y_1の医療行為とAの本件死との間の因果関係の存在は認められないけれども、被告Y_1において、酸素吸入及び利尿剤投与などの心不全の治療を行っていれば、Aがその死亡の時点においてなお生存していた相当程度の可能性はあったといわなければならない」とし、「しかるに、被告Y_1が、医療水準にかなった医療を行うべき義務を怠ったことにより、Aは、多大な精神的苦痛を被ったというべきである。なお、仮に、上記可能性がわずかであっても、万全の治療を受けていたならば、救命の可能性があったかも知れないというAの無念の想いを慰謝するため、相当の慰謝料請求を認めるのが相当である」と、期待権の内容を最高裁判例の「その死亡の時点においてなお生存していた相当程度の可能性」と同一視している点である。この傾向は、この時期の判断に多く見られる。

東京地判平成一六年三月二五日判タ一一六三号二七五頁（認容額・六〇〇万円）も、相当程度の可能性を期待権侵害と呼んでいるかのようにみえる事例であり、「前記見地から本件についてみると、前記認定事実からして、Aは、前記C意見の重症急性膵炎の重症度を前提としても、少なくとも三〇パーセントの生存可能性を有していたということができ、輸液供給及び膵酵素阻害剤投与といった保存療法が十分に行われ、また、特殊療法が執られた場合には、Aがその死亡の時点においてなお生存していた相当程度の可能性の存在それ自体は認められるというべきであるから、被告Y_2には、その期待権侵害を理由として、Aに対し、その被った精神的苦痛に対する慰謝料を支払うべき義務があるし、被告病院も、被告Y_2の使用者として、同被告と連帯して、前記慰謝料を支払うべき義務がある」とする。

大阪高判平成一七年六月一五日LEX／DB文献番号28131343（認容額・二七〇万円）は、少なくとも中等度以下の軽度な後遺症に止まった相当程度（三〇パーセント）には達する可能性があるとした事例であり、「総合医療機関において、早期に精密な検査を行い、支持療法にしろそれが早期（三日中ないし四日早朝まで）に行われるならば、脳浮腫の抑制等、一定の効果が期待できる治療等が行われた可能性は相当程度あったということができ」、「上記認定の統計の結果によれば、本件医療過誤の発生した当時の急性脳症に罹患した患者の予後が正常ないし軽度の後遺症に止まった事例も相当割合認められている」とする。ただし、「もっとも、上記統計対象症例の数もそれほど多くはなく、調査対象症例も本件のような原因不明の急性脳症を主とするものではないことを考慮すれば、上記統計上の数値を、特に原因不明の急性脳症で、児童年齢にあった控訴人に有意なものとしてこれをそのまま使用することはできないというべきである」とも述べている。

甲府地判平成一七年七月二六日判タ一二一六号二一七頁（認容額・一〇〇万円）は、ＨＩＶ患者への手術的治療の回避の事例であるが、「本件患者に対して本件術式による手術的治療が実施されていれば、本件患者の後遺障害が更に軽症となった相当程度の可能性を否定することはできない」とする。「そうすると、被告Y市は、本件患者が適切な治療を受ける期待権を侵害されたことによる精神的損害を賠償すべき責めを負う」と続き、請求を認めている。

青森地判平成一八年一〇月二日判タ一二四四号二五〇頁（認容額・二三〇万円）も、相当程度の可能性と期待権侵害の混同とも見える判決であり、「患者の診療に当たった医師が、医療診療上の注意義務に違反した場合において、その注意義務に違反した行為と患者に生じた重大な後遺症との間に、因果関係（高度の蓋然性）があることの証明がなされなかった場合でも、当該注意義務が尽くされていたならば、患者に上記重大な後遺症が残らなかった相当程度の可能性の存在が証明されるときは、医師は、患者が上記可能性を侵害されたことによって被った損害を賠償すべき不法行為責任を負うものと解するのが相当である」と最判平成一五年一一月一一日民集五七巻一〇号一四六六頁を引用しつつ、「被告は、担当医の使用者として、患者である原告が上記可能性を侵害された、すなわち、いわゆる期待権が侵害されたことによって被った精神的苦痛に対する慰謝料を支払うべき義務があるものと解するのが相当である」と判断している。

(5) 不適切医療説

最後に、平成二三年最高裁判決やその後の裁判例にもつながるものとして、期待権を医師による説明・診断・治療の不適切さと理解するものもある（不適切医療説）。

岡山地判平成一四年一二月一七日裁判所ウェブサイト（認容額・一二〇万円）は、「医師あるいは医療機関に対し、その当時の医療水準による適切な治療を求めてその診察を受けるのであるが、通常患者には自己に最適な治療が何であるか判断し得る能力がなく、専門家である医師に全幅の信頼をおき身を委ねるほかない立場にあることからすれば、そのような治療を求める患者の期待は合理的なものとして法的に保護されるべきものである。けだし、患者が医師あるいは医療機関のミスや懈怠により医師に対して有していた適切な医療を受け得るという期待を裏切られ、そして適切な医療を受ける機会を失い、その結果、心残りや諦め切れない感情などの精神的苦痛を受けることは通常予見可能であって、医療水準にかなった適切な治療、看護を受ける機会を失った患者の精神的苦痛は、医師あるいは医療機関の過失により通常生ずべき損害として法的に慰謝されるべきだからである」とし、治療の機会も述べているが、むしろ、医師の適切な医療を受けるという期待に重点が置かれているように思える判断である。

そして、山口地岩国支判平成一九年一月一二日判タ一二四七号三一〇頁（認容額・七〇〇万円）は、「被告の本件診療契約上の義務違反と本件患者の期待権侵害との間には因果関係があると認めることができるが、同義務違反と本件患者の死亡との間には因果関係があると認めることはできない」としつつも、「このような被告の本件患者に対する説明、診断及び治療の不適切さを考慮すれば、本件患者が、被告医院での受診を開始した時点で既に末期の膵臓癌に罹患しており、余命がほとんど残されていない状態であったことを考えてもなお、期待権を侵害されたことによる精神的苦痛は、極めて強かったものと考えることができる」とし、因果関係が認められないものの、診療の不適切さから期待権侵害という別の権利侵害を認めている。

このように、期待権理論が登場して以降、期待権もしくは期待の利益をどのように捉えどのように認めるのか（認めないのか）は、その事案や裁判所の考え方によって大きく異なっていることがわかる。①機会喪失説、②延命可能性説は、前述の考え方を期待権の内容としてとらえているが、これに限られるわけではない。③利益侵害説は、期待「権」という権利論ではなく、期待の「利益」という利益論として、位置づけるものである。④相当程度の可能性説は、平成一二年最高裁判決によって、その内容を期待権の内容と同視するものである。ただし、この考え方は、平成二三年最高裁判決で、異なる類型であることが示されている（後述三）。⑤不適切医療説は、おそらく、今日の期待権理論の理解のなかで有力なものであろう。これらは時代の流れの中で登場してきたものであるが、どの理論を用いているかは裁判によってまちまちである。

そして、類型化しつつもその内容からもわかる通り、期待権が用いられる事案の根底にあるものは、「医療の不適切さ」であるように思われる。したがって、⑤不適切医療説は、その他の事案とも関係しており、この考え方は期待権の判断の中心といえ、次に述べる最高裁判例以降の流れにつながる考え方であることに注目できよう。

4　裁判例の流れから見えてくる期待権侵害論の意義

以上のように、期待権侵害の考え方が提唱され、その理解は、裁判所によって異なり、①機会喪失説、②延命可能性説、③利益侵害説といった考え方が登場する中で、最高裁は、こうした考え方のどれかを採用するのではなく、相当程度の可能性論を示したことで、期待権侵害をこれと同一視する④相当程度の可能性説が出てきた。しかし、異なる類型として、⑤不適切医療説が有力となっており、またこの考え方は他の類型にも根本的に通じるところもあり、期待権侵害を位置づける際の視点として有用であると思われる。

三　医療過誤訴訟における期待権侵害の判例とその評価

1　平成二三年最高裁判決の考え方

期待権侵害が最高裁で議論される前段階として、最判平成一七年一二月八日判時一九二三号二六頁（以下、「平成一七年最高裁判決」とする）がある。東京拘置所に勾留されていた患者が、脳梗塞を発症したにもかかわらず外部の医療機関に転送されなかった結果、重大な後遺症が残ったとして国家賠償請求をした事案であり、最高裁は、外部の医療機関へ転送され医療行為を受けていたなら患者に重大な後遺症が残らなかった相当程度の可能性の存在が証明されたということはできないとして、上告を棄却した。

しかし、その補足意見において、島田裁判官は、「医師に過失責任を負わせるのは、著しく不適切不十分である場合に限るべきであろう」と述べており、才口裁判官は、「医療行為の名に値しないような例外的な場合」には損害賠償責任を認める余地がないとは言えないが、本件はその場合には当たらないと述べている。平成二三年最高裁判決は、この考え方ともつながる部分がある。

そこで、期待権侵害の考え方を明確に示した最判平成二三年二月二五日集民二三六号一八三頁を紹介する。

Xは昭和六三年一〇月二九日、左脛骨高原骨折の障害を負い、同年一一月四日ころ、Y_1病院に入院し、動員の整形外科医であるY_2の執刀により、骨接合術及び骨移植術を受けた。

Xは、平成元年一月一五日、Y_1病院を退院したが、その後、本件手術時に装着されたボルトの抜釘とうため、同年八月頃にY_1病院に再入院するまでの間、Y_1病院に通院して、Y_2の診察を受け、リハビリを行った。本件手術後の入院時及び上記通院時に、Xは、Y_2に対し、左足の腫れを訴えることがあったが、Y_2は、腫れに対する検査や治療を行うことはなかった。Xは、上記ボルトを抜釘してY_1病院を退院した後は、自らの判断で、Y_1病院への通院を中止し、その後、平成四年、七年及び八年に、肋骨痛、腰痛等を訴えて、Y_1病院で診察を受けたことはあったものの、Y_2に対して、左足の腫れを訴えることはなかった。

Xは、平成九年一〇月二二日、Y_1病院に赴き、Y_2に対し、本件手術後、左足の腫れが続いているなどと訴えた。Y_2はレントゲン検査を行ったほか、左右の足の周径を計測するなどの診察は行ったが、左足の周径が右足のそれより三センチメートルほど大きかったものの、左膝の可動域が零度から一四〇度まであり、整形外科的治療として満足できるものであったこと、圧痛もなく、Xがこれまで通り大工の仕事を続けることもできていたこと等からみて、機能障害はなく問題はないものと判断して、格別の措置は講じなかった。

Xは、平成一二年二月ごろ、左くるぶしの少し上に鶏卵大の赤あざができ、その後、左ひざ下から足首にかけて、無数の赤黒いあざができるなど、皮膚の変色が生じたことから、Y_1病院で診察を受けた。Y_2は、上記症状を見て、皮膚科の受診を勧めた。

Xは、平成一三年一月四日、左足の腫れや皮膚の変色等の症状が軽快しないことを訴えて、Y_1病院で診察を受けたが、Y_2は、Xが皮膚科でうっ血と診断され、投薬治療を受けていたことから、レントゲン検査を行うにとどまった。

Xは、平成一三年四月から一〇月にかけて、鳥取大学医学部病院、九州大学医学部付属病院及び神戸大学医学部付属病院に赴き、これら各病院において、それぞれ、左下肢深部静脈血栓症ないし左下肢静脈血栓後遺症と診断された。

Xの左下肢深部静脈血栓症については、XがY_2に左足の腫れを始めて訴えた平成九年一〇月二二日の時点では既に適切な治療法はなく、治療を施しても効果は期待できなかった。

第一審の山口地判平成一九年二月二二日判例集未登載は、原告の請求を棄却したが、二審の広島高判平成二〇年一〇月一〇日判例集未登載は、因果関係や相当程度の可能性の証明がなされないとしても、その当時の医療水準にかなった適切かつ真摯な医療行為を行わなかったので、Xは、そのような医療行為を受ける期待権を侵害されたことにつき、「Y_2は、平成九年一〇月二二日の時点で、専門医に紹介するなどの義務を怠り、Xは、これにより、約三年間、その症状の原因がわからないまま、その時点においてなしうる治療や指導を受けられない状況に置かれ、精神的損害を被ったということができる」として、Xの請求を慰謝料三〇〇万円の限度で、認容した。Yらが上告し、最高裁は、破棄自判し、原告Xの請求を棄却した。

それによると、「前記事実関係によれば、被上告人Xは、本件手術後の入院時及び同手術時に装着されたボルトの抜釘のための再入院までの間の通院時に、上告人Y_2に左足の腫れを訴えることがあったとはいうものの、上記ボルトの抜釘後は、本件手術後約九年を経過した平成九年一〇月二二日に上告人病院に赴き、上告人Y_2の診察を受けるまで、左足の腫れを訴えることはなく、その後も、平成一二年二月以後及び平成一三年一月四日に上告人病院で診察を受けた際、上告人Y_2に、左足の腫れや皮膚のあざ様の変色を訴えたにとどまっている。これに対し、上告人

Y2は、上記の各診察時において、レントゲン検査等を行い、皮膚科での受診を勧めるなどしており、上記各診察の当時、下肢の手術に伴う深部静脈血栓症の発症の頻度が高いことが我が国の整形外科医において一般に認識されていたわけでもないそうすると、上告人Y2が、被上告人の左足の腫れ等の原因が深部静脈血栓症にあることを疑うには至らず、専門医に紹介するなどしなかったとしても、上告人Y2の上記医療行為が著しく不適切なものであったということができないことは明らかである」とした。

また、「患者が適切な医療行為を受けることができなかった場合に、医師が、患者に対して、適切な医療行為を受ける期待権の侵害のみを理由とする不法行為責任を負うことがあるか否かは、当該医療行為が著しく不適切なものである事案について検討し得るにとどまるべきものであるところ、本件は、そのような事案とはいえない。したがって、上告人らについて上記不法行為責任の有無を検討する余地はなく、上告人らは、被上告人に対し、不法行為責任を負わないというべきである」とした（傍線著者）。

本判決を前提とすると、当該医療行為が著しく不適切なものである事案とは何かが問題であり、それと期待権侵害の関係をどのように捉えるのかが重要であろう。

2　平成二三年最高裁判決以降の下級審の状況

平成二三年最高裁判決を裁判の現場はどのように理解しているのか、期待権侵害を認める事例と認めない事例に分かれている。

否定例として、仙台地判平成二四年七月一九日ＬＥＸ／ＤＢ文献番号２５４４４７９０がある。これは、一絨毛膜二羊膜性双胎（MD双胎）の第一児である原告が重度の脳障害を負って出生したため、右記脳障害は、被告病院の担当医師が原告の胎児心拍を確認して直ちに帝王切開により分娩し、あるいは、胎児心拍の監視を継続して異常を発見した際には直ちに帝王切開により分娩すべきであるのに、これらの義務を怠ったことによるものであるとして、原告が、被告に対し、診療契約上の債務不履行に基づく損害賠償等の支払を求めた事案であるが、本判決は、「原告は期待権侵害による損害賠償が認められるべき旨主張するので検討するに、被告病院における分娩管理については、NSTの継続に関する争点1‐2に係る過失は認められるが、先に見たとおり、NSTが継続されていれば原告の脳性麻痺の発症を回避できた可能性の程度は、高度の蓋然性又は相当程度の可能性があると評価し得るものではなく、このような場合に、適切な医療行為を受ける期待権の侵害のみを理由として損害賠償責任を認めることはできないといわざるを得ない」として（傍線著者）、期待権侵害のみを理由とする損害賠償請求を否定している。

また、福岡高判平成二四年一二月一八日LEX／DB文献番号25501607[23]は、介護老人保健施設に入所中に転倒して傷害を負ったことにつき、被告に対し、被告の債務不履行、被告の不法行為、又は被告の職員・介護士の不法行為に対する使用者責任に基づき、損害賠償を求めた事案であるが、「控訴人の被控訴人に対する期待権侵害の有無については、これについては控訴人の介護の態様が著しく不適切であった場合に検討しうるにとどまるべきものであるところ［略］、本件においては控訴人の介護の態様が著しく不適切であったとまではいえない」（傍線著者）と最高裁判例を引用する。

青森地八戸支判平成二八年三月二五日LEX／DB文献番号25544399は、入院後脳梗塞と診断され、外減圧術などの各種の治療を受けたものの、数日後に脳軟化により死亡した事案であるが、「一八日のCTを撮影した後、約三四時間の間Aに対して頭部CT撮影を施行しなかったことをもって、本件病院の診療行為が著しく不適切であったということはできず、Aの期待権が侵害されたということはできない」とした（傍線著者）。

東京地判平成二八年一一月一七日LEX／DB文献番号25538504[24]は、終末期の患者について延命措置を拒否した家族及び延命措置を実施しなかった病院への損害賠償責任の事案であるが、「被告Yが八月一五日に亡Aの経鼻経管栄養の注入速度を速めた事実がなかったとしても、亡Aが九月八日時点でなお生存していた相当程度の可能性があったと認めることはできないし、被告Yが八月一五日に亡Aの経鼻経管栄養の注入速度を速めたことが、期待権の侵害が問題となり得るような著しく不適切な行為であると認めることもできない」とする[25]（傍線著者）。

このほか、最判平成二八年七月一九日D1-Law判例体系ID28243076は、松果体腫瘍摘出後に脳内出血を生じ、高次脳機能障害が後遺症として残ったことにつき、頭部CT検査の実施に関して、期待権という言葉を用いていないが、適切な医療を受けるべき利益を侵害されたことについての慰謝料支払いを命じた原審判断を、当該検査の不実施が著しく不適切なものであったとはいえないことは明らかであるとして請求を棄却した第一審判決を相当とした事例である。

このように、事実認定について、「著しく不適切な行為」かどうかを判断基準としているものが目立つ。

一方、肯定例として、大阪地判平成二三年七月二五日判タ一三五四号一九二頁は、期待権侵害を認めている（認容額・六六万円）。本件は、Aが、被告Yが経営する本件病院で原告Xを出産後、C病院に転院し死亡したことにつき、原告らが、本件病院の医師らに注意義務違反があったと主張して、被告Yに対し、損害賠償を求めた事案である。

一刻を争う緊急事態に電話連絡の過誤により三〇分も輸血の手配が遅れ、これによって輸血の開始も本来あるべき時点から三〇分も遅れたことは、重過失ともいうべき著しい不適切な措置と評価せざるを得ず、当時、本件病院医師によって弛緩出血によるDICを疑われ、可能な限り速やかに輸血されるという治療行為を受けることを期待できたAは、そのような期待権を侵害されたものと認めるのが相当であるとし、請求を一部認容している。

判決文を見ると、「患者が適切な医療行為を受けることができなかった場合に、医師が、患者に対して、適切な医療行為を受ける期待権の侵害のみを理由とする不法行為責任を負うことがあるか否かは、当該医療行為が著しく不適切なものである事案について検討し得るにとどまるべきものである。」「これに対し、前記〔略〕の電話連絡の過誤により、輸血の緊急手配が少なくとも三〇分程度は遅れた点については、輸血の依頼をすれば輸血できる医療体制が一応備わっている本件病院にとっては、本件病院医師がDICを疑って緊急の輸血手配が必要と判断した際には、薬局の開業時間内外を問わず、医師ないし看護師ら医療従事者において速やかに赤十字血液センター等の血液供給機関に電話連絡ができるように日頃から準備しておくことが、必要不可欠であり、かつ容易であって、基本的な義務と考えられる。そして、前記〔略〕で検討したように、当時のAの病態にかんがみ、遅くとも一九時三〇分ころの時点では輸血を開始すべきであったのに対し、上記のように輸血の緊急手配が三〇分程度遅れることがなければ、赤十字血液センターから本件病院への血液到着は一八時五〇分ころとなり、三〇分程度は要するFFPの解凍を経ても、一九時三〇分にはFFPの輸血から開始することが可能であったといってよい。ところが、B医師が輸血手配を依頼した時刻には薬局が閉業していたとはいえ、一刻を争う緊急事態に電話連絡の過誤により三〇分も輸血の手配が遅れ、これによって輸血の開始も本来あるべき時点から三〇分も遅れたことは、重過失ともいうべき著しく不適切な措置と評価せざるを得ない。したがって、当時、本件病院医師によって弛緩出血によるDICを疑われ、可能な限り速やかに輸血されるという治療行為を受けることを期待できたAは、本件病院医師らの著しく不適切な上記措置により、そのような期待権を侵害されたものと認めるのが相当である。併せて、本件における結果がAの死亡という重大なものであり、上記不適切な措置がAの生死を分ける重要かつ緊急な局面で起こっていることを考慮するならば、上記措置は慰謝料請求権の発生を肯認し得る違法行為と評価されるので、Aに対する不法行為を構成するというべきである」としている（傍線著者）。

すなわち、①結果が死亡という重大なものであること、②生死を分ける重要かつ緊急な局面での不作為であったことから、慰謝料請求権の発生を是認し得る違法行為であったと評価している。[26]

もっとも、本判決は、控訴審の大阪高判平成二五年一月二九日LEX／DB文献番号25500444において、相当程度の可能性を肯定し、四九五万円の賠償が認容されている。[27]

なお、こうした流れに対し、福岡地判平成二五年一一月一日LEX／DB文献番号25446381では、「被告には、上記のとおり、CEA検査及び腹部エコー検査を実施するという具体的に特定された診療契約上の債務についての不履行があったことが認められるのであって、それにより、実際に大腸癌に罹患していることの確認が約半年遅れたのであるから、Aは、著しい精神的苦痛を被ったものと認められる。これは、一般的抽象的に『患者が適切な医療行為を受けることができなかった場合に、医師が、患者に対して、適切な医療行為を受ける期待権の侵害のみを理由とする不法行為責任を負うこと』（最高裁平成二三年二月二五日判決参照）を認めるものではなく、医師（医療法人）と患者との間の診療契約上、具体的に発生した債務の不履行責任の問題として捉えられるべきものである。そして、被告の債務不履行の態様、結果、Aの症状等の事情を総合勘案すれば、その精神的苦痛を慰謝するには一八〇万円が相当であるというべきである」（傍線著者）として、不法行為構成である期待権侵害を回避し、債務不履行責任を採用している。

平成二三年最高裁判決以降、期待権侵害が認められたケースはこれしかなく、実務における影響は大きくないともいえるが、平成二三年最高裁判決以前からの流れをふまえると、不適切な医療への対応としての期待権の活用が方向性としては示されているものとも考えられる。

いくつかの事案では、因果関係が認められなかった時のためのセーフティーネット方式ともいえるかのように、予備的請求として(28)、請求に追加するケースも目立つ(29)。

3　平成二三年最高裁判決に対する学説の評価

以上のような最高裁の考え方と実務の対応に対し、学説はどのようにこの判決を評価しているのだろうか。吉田邦彦教授は(30)、「事案を結果に関係しない、主観的期待権侵害事例」であるとして、医療崩壊への危惧を指摘する。

これに対し、多くは、患者の主観に重点を置いているわけではないという評価をする。手嶋豊教授は(31)、「理論的可能性としての期待権の存続が認められた」と積極的に評価し、「『期待』の評価の前提としての医師の行為は、客観的な尺度によって測られる」として、その客観化を探る。峯川浩子教授も(32)、「結果回避可能性がない、あるいは小さい患者といえども、医療水準に適った真摯な医療が与えられるべきであり、それを享受できなかった患者の精神的苦痛に対して、賠償の可能性があることを明らかにした」とする。

同じ評価でも、抑制的に用いるべきとするのが、円谷峻教授であり[33]、「本来の因果関係や相当程度の可能性さえも立証できない場合における代償的措置」としながらも、「安易にこの代償的措置に依るべきではあるまい」と限定的に解する。同様に山口斉昭教授も[34]、「『相当程度の可能性』理論が定着し、期待権利論がもはや否定されたとの見方もありえたなか、著しく不適切な医療に関しては、『相当程度の可能性』とは異なる『期待権』の侵害を検討する余地があることを示した点で、本判決には意義がある」としつつも、「最高裁が、かつてのプリミティブで多様な内容を含んだ『期待権』を認める方向にかじを取ったとは言えない」と指摘する。

こうした考え方に対し、期待権を文字通りの期待権と解さずに「期待権」は「治療機会喪失」を保護対象ではなく主体の面から言い換えたものであると解するのが平野哲郎教授である[35]。「患者の主観的な期待ではなく客観的な『適時に適切な医療の提供を受けることに対する債権者としての期待』」であると捉えつつも、「金額的には少なくても、請求を認容することが重要である。それによって著しく不適切な医療がなされたことが民事訴訟において認定されたということが明確になり、そのような医師・医療機関に対する行政処分発動の契機となり、将来の不適切な医療の抑止につながるからである。このような場合に、請求を棄却してしまえば、結局、医療行為が適切であったという誤解を生じ、行政処分もなされないであろう」として、医師の「著しく不適切な行為」への歯止めの効果を狙う[36]。

橋口賢一教授も[37]、「医師の得ている社会的信頼に着目すべき」とし、さらに、「およそ患者であれば、たとえ医師の治療行為が自らの生命・身体へ影響することがなくとも、『社会的信頼を得ている専門家としての医師』から少なくとも最低限の基本的な義務は尽くしてもらえるという『合理的な期待』を抱いているであろう。治療行為を尽くしたとしても生命・身体に影響しないからという理由で医師がそのような最低限の義務さえ果たさなかったときには、たとえ医師に裁量が認められていることを考慮に入れたとしても、自ら得ている社会的信頼を裏切ったことになり、それを理由に賠償責任が認められることになったとしても専門家としては甘受せざるを得ない。そして、この『合理的期待』に応えない場合というのが、まさに本件判決のいう『当該医療行為が著しく不適切なものである事案』を意味すると思われる」として、「著しく不適切な行為」の具体化を図っている。

一方、実務においては、これを否定的に捉える考え方も多く、例えば、中村さとみ判事は、「医師の不法行為責任の有無を検討する余地はあるものの、そのような場合に必ず責任が生ずるというわけではなく、まして、単に医療水準に則った医療行為を受けられなかったということのみでは、医師が不法行為責任を負う余地はないという立場をとっている」と評価する。(38)

以上のような平成二三年最高裁判決の個別評価に対し、それまでの最高裁判決との連続性からの位置づけを図ろうとした試みにこの期待権を用いることができるとして整理するものもある。

大塚直教授は、不作為医療過誤について「法益の三段階構造」(39)として法益の侵害の程度を段階づけする。それによると、①その死亡の時点においてなお生存していたであろうことを是認しうる高度の蓋然性、②その死亡の時点においてなお生存していた相当程度の可能性、③治療機会の喪失という三段階であるが、この③に位置づけられるものとして、期待権に置きかえて理解することができよう。(40)

また、飯塚和之教授は、四段階構造で整理をする。それによると、①患者が平均余命まで生存し得たであろうことを是認しうる高度の蓋然性が証明された場合、②その死亡の時点においてなお生存していたであろうことを是認しうる高度の蓋然性が証明された場合、③その死亡の時点においてなお生存していたであろう相当程度の可能性の存在が証明された場合、④期待権・治療の機会喪失に当たる法益の侵害の証明がなされた場合、という四段階に類型化している。

本件最高裁判決は、期待権をひとつの権利侵害もしくは法益侵害として位置づけることができるとすると、こうした考え方に組み込むこともできよう。

もちろん、こうした期待権を肯定する考え方に対して、期待権侵害という考え自体を否定する考え方もある。(41) すなわち、「相当程度の可能性」の理論による一定程度の救済によりカバーされている以上、期待権侵害は不要であるということである。

4　判例と学説の評価とその検討

以上のように、判決に対する評価については、積極的に解するものと消極的に解するものに分かれている。

実際に、期待権自体の抽象性の問題も以前より指摘されており、①結果を避けるための治療法が確立しておらず、結果は避けられないものであったが、ずさんな診療や診療の機会が与えられなかったことにより、患者や遺族に心残りが生じた、②適切な治療が行われずに患者が死亡したが、患者の余命が限られていたため、どの程度延命が可能であったか不明であった、③適切な治療が行われず患者が死亡したが、適切な治療が行われたとしても究明が可能であったか不明であった、といった場合を包含する、法的に明確性を欠いていた概念でもあり、医師の過失（注意義務違反）のみを認めることで責任が肯定されてしまうということの危惧もある。(42) 医師の立場からしても、客観的な損害発生や因果関係が認められないのに、患者の期待に反したとして責任を認められるのは過酷でもあるともいえる。(43)

一方で、裁判例の流れをふまえて、こうした期待権の言葉本来のイメージの持つ主観性による判断には躊躇があることから、「患者の主観的認識から治療機会の喪失という客観的事実へと移動」(44) していると指摘されており、その客観化が図られつつ認める方向での議論もあったことも確かである。(45)

このような努力の中で、期待権理論の位置づけは、言葉の印象とはうらはらに、客観化がなされ、主観性の捨象がなされてきたと思われる。

ところが、そうした中で、改めて、期待権理論が勃興したことで、その位置づけについて混乱を招いていると思われる。

平野教授は、期待権という言葉に「適切な治療を受ける機会」を盛り込むことで、患者の主観的期待権とは異なるという理解を示している。(46)

しかし、文理解釈からすると、期待権という言葉を用いたことの意味の大きさをどのように理解するかという問題が残る。この問題は、期待権という「権利構成」と、適切な医療を受ける利益という「利益構成」の違いでもある。もし、権利構成である場合には、権利侵害か否かの問題になるが、利益構成の場合には、利益侵害の程度による判断が問題になる。(47)

期待権を権利構成として捉える場合には、憲法二五条を根拠とする治療期待権として位置づける等、権利の具体化に基づき、権利侵害の評価へも結びつけることが可能となる。

これに対して、期待権を利益構成として捉える場合には、結果不法を土台として行為不法との関係性において違法性の評価がなされる相関関係説を前提に、保護法益の外延を明確にして、損害との関係を立証していくことになる。

この点、分野は異なるが、国立マンション訴訟において、最高裁は、景観権を認めることはなく、景観利益を認めているが、実際のところ、不法行為が認められるためには、被侵害利益である景観利益の性質と内容、当該景観の所在地の地域環境、侵害行為の態様・程度、侵害の経過等を総合的に考慮して判断されることになり、具体的には、刑罰法規や行政法規に違反したり、公序良俗違反や権利濫用に該当するなど「社会的に認容された行為としての相当性を欠く」場合に違法となるとしたことで、その違法性が認められるためのハードルを高く設定することになった(48)。大塚教授の法益の三段階説は、この景観利益の問題ともリンクし、期待権を利益構成で取ることができることにより、他の法的利益との連続性を意味づけるものになっているといえる(49)。

もっとも、国立マンション訴訟では、「利益」という用語を用いた判断であったが、平成二三年最高裁判決は期待「権」という用語を用いている。平成二三年最高裁判決は、「適切な医療行為を受ける期待権の侵害」とあり、平成一七年最高裁判決における横尾和子判事、泉徳治判事の反対意見のような「適切な検査、治療等の医療行為を受ける利益」とは異なる書きぶりをしていることで、この点をどの程度重視するかにより、その評価は変わると思われる。ただし、権利構成の独自性を認めたとする理解は現在のところ見当たらない。

この議論は、現在は停滞している期待権理論を今後どのように用いるべきか、その立証をどのようにすべきかという観点から、検討を要するものといえる。期待権の位置づけにつき、学説を整理してきたが、これらは、基本的には実体法の理解の検討であり、その権利もしくは利益の有無それ自体の問題でもある。しかし、訴訟の場において、その権利や利益が認められたとして、その立証をどの様にするのかという異なる視点の問題が生じる。判決の意義においても、「著しく不適切・不十分な医療が行われた場合には、現実に発生した損害との因果関係や相当程度の可能性の存在が立証されなくとも、一定の利益侵害による損害賠償が発生する余地を認めた」[50]とする理解はおおむね学説の一致するものであると思われるが、注目すべきは、「現実に発生した損害との因果関係」や「相当程度の可能性の存在」が立証されない場合という点である。権利や利益が異なるものである以上、因果関係の立証とは異なる次元でその成立の有無を考える必要があるところ、実務においては、先に指摘したセーフティーネット方式にあるような、因果関係の立証の延長線上のような捉え方をしているものが多い。

こうした点から、期待権侵害を因果関係の文脈でどのように位置づけられるのかを次に検討したい。

四　因果関係の立証と期待権侵害の関係性

1　因果関係の証明の判例の変遷――作為型と不作為型

因果関係の立証についてのリーディングケースは、最判昭和五〇年一〇月二四日民集二九巻九号一四一七頁（以下、「昭和五〇年最高裁判決」とする）のルンバール事件判決である。本判決は、「訴訟上の因果関係の立証は、一点の疑義も許されない自然科学的証明ではなく、経験則に照らして全証拠を総合検討し、特定の事実が特定の結果発生を招来した関係を是認しうる高度の蓋然性を証明することであり、その判定は、通常人が疑を差し挟まない程度に真実性の確信を持ちうるものであることを必要とし、かつ、それで足りるものである」と判示している。すなわち、因果関係認定のための証明度として、「高度の蓋然性」を証明することを要し、裁判官の評価基準として、「通常人が疑を差し挟まない程度に真実性の確信を持ちうるもの」であればよいとする。これは作為型の因果関係の立証の基準である。

この作為型の医療過誤訴訟に対し、問題になるのが不作為型の医療過誤訴訟である。なぜなら、不作為の因果関係は、もしも適切な診療行為がなされた場合、という仮定の事象としての因果の流れを推測し、その結果を回避することを期待することができる蓋然性を因果関係の有無として判断することになるからである。(51)

そこで、不作為型の因果関係の立証について、最判平成一一年二月二五日民集五三巻二号二三五頁は、「医師が注意義務を尽くして診療行為を行っていたならば患者がその死亡の時点においてなお生存していたであろうことを是認し得る高度の蓋然性が証明されれば、医師の右不作為と患者の死亡との間の因果関係は肯定されるものと解すべきである。患者が右時点の後いかほどの期間生存し得たかは、主に得べかりし利益その他の損害の額の算定に当たって考慮されるべき由であり、前記因果関係の存否に関する判断を直ちに左右するものではない」として、「死亡時点における生存の可能性」という判断基準が定立されている。

さらに、既に取り上げた平成一二年最高裁判決において、「疾病のため死亡した患者の診療に当たった医師の医療行為が、その過失により、当時の医療水準にかなったものでなかった場合において、右医療行為と患者の死亡と

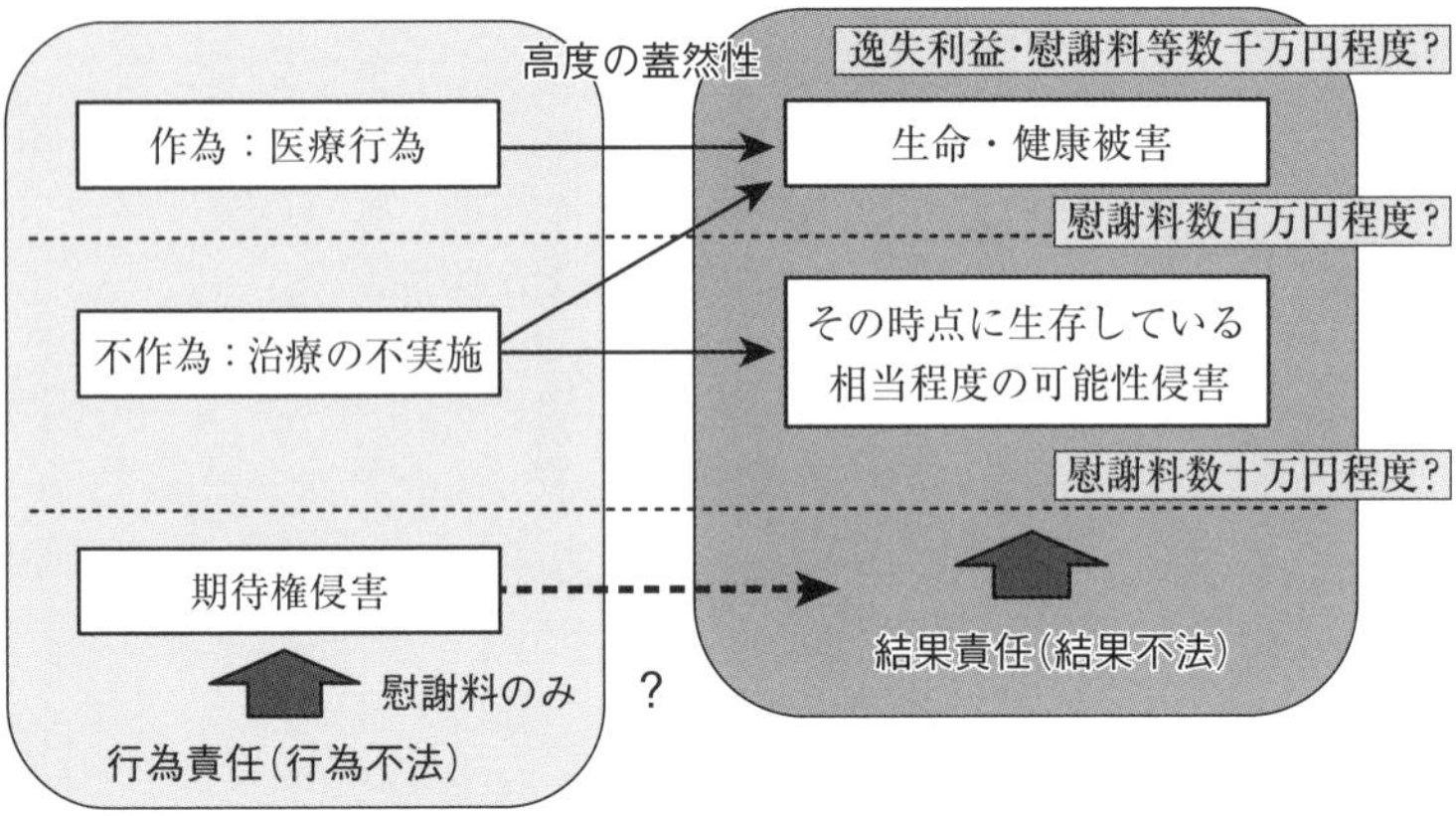

図1　行為責任と結果責任

の間の因果関係の存在は証明されないけれども、医療水準にかなった医療が行われていたならば患者がその死亡の時点においてなお生存していた相当程度の可能性の存在が証明されるときは、医師は、患者に対し、不法行為による損害を賠償する責任を負うものと解するのが相当である。けだし、生命を維持することは人にとって最も基本的な利益であって、右の可能性は法によって保護されるべき利益であり、医師が過失により医療水準にかなった医療を行わないことによって患者の法益が侵害されたものということができるからである」として、因果関係の終点を「死亡」から「患者がその死亡の時点においてなお生存していた相当程度の可能性」という利益にずらす操作がなされている。[52] こうした法益の拡大に注目をして、期待権侵害を位置づけるとどうなるであろうか。

先に述べた法益の三段階構造にあてはめると、作為に基づく生命・健康侵害（昭和五〇年最高裁判決）、あるいは不作為に基づく生命・健康被害（平成一一年最高裁判決）の因果関係の立証が問題となり、その因果関係が認められない場合において、相当程度の可能性侵害（平成一二年最高裁判決）との間の因果関係が検討され、その因果関係も認められない場合に期待権侵害の判断となる。この段階的な理解は、賠償額の水準との関係性においてもリンクする。

しかし、この考えのもとでは、生命・健康被害・相当程度の可能性侵害は、行為と結果の因果関係である結果不法の問題であることに対し、期待権は行為不法の問題であり、その位置づけに問題が生じる。たしかに、従来の期待権論者がカバーしようとしていた領域が相当程度の可能性侵害でカバーされたとはいえ[53]、そこでカバーしきれない事案の救済をはかる必要がある一方で、相当程度の可能性と期待権とが内実を全く異にし、連続性を有さないために、論理的な整合性がとれないという課題が生じているのである（**図1**）。

2　因果関係の証明の文脈との齟齬

医療過誤において、因果関係の立証が困難である場合や立証に失敗した場合のセーフティーネット方式としての主張を民事訴訟法の観点から考えると、因果関係の立証の緩和、割合的因果関係として位置づけられるかが問題となる。そもそも因果関係はある・ないの択一的な問題であることに対し、訴訟において、特に不作為の因果関係の場合には、そう簡単にある・ないを判断することは難しい。なぜなら、不作為の因果関係の有無は、事実の問題ではなく、法的評価の問題だからである。しかし、法的評価が困難であるからといって、真偽不明として証明責任を用いた判断をすることは、情報の偏在や立証の難しさから不公平が生じうる。こうした問題意識から、因果関係が不明もしくはないと評価する場合に因果関係の起点・終点を立証のしやすい対象に変えることで、事実上の立証の程度を緩和することは正当化されるものと考える[54]。ただし、民事訴訟法学でもその立証の緩和については、総論的にその意義を認めつつも、各論的に概念の利用は抑制的に考えられている。[55] 正面からの立証の緩和を認めることへの躊躇が相当程度の可能性という概念を用いることにつながっているとも考えられる。そうなると、確かに、ミクロ的な視点で不作為と相当程度の可能性侵害の間の因果関係につき高度の蓋然性の証明が必要という基準を崩していなくても、マクロ的な視点では事実上の立証の緩和をしていることにもなろう。すなわち、一般的な医療過誤事案である生命侵害の場合、因果関係の証明は、高度の蓋然性をもって証明する必要があるが、相当程度の可能性侵害の場合、その証明度が実質的に引き下げられ、[56] 期待権侵害の場合はさらに引き下げられることになる。生命・健康被害や相当程度の可能性がない場合に、その立証の軽減の操作を、期待権侵害理論を「隠れ蓑」にして行うことは、実質的な証明度の引き下げを意味するのである。

結局のところ、生命・健康侵害、相当程度の可能性侵害、期待権（期待利益）侵害といった法益を異にすることで、ゼロイチ判断となる因果関係の有無を柔軟に判断するのを可能とし、それをミクロ的視点でみると、それぞれの権利侵害について、別個の議論として成立させていることになる。それを民事訴訟法の視点で考えると、マクロ的視点で、次のように考えることになる。すなわち、生命・健康侵害の立証というハードルを超えられなかった場合に、それよりも立証が容易な相当程度の可能性侵害を議論することになり、そのハードルを超えられなかった場合に、それよりもさらに立証が容易な期待権侵害の議論をすることになる。事実、裁判実務では、この三つの主張を予備的請求として併存させていることも多くみられることからも立証の容易さに違いがあるという理解が背景としてあると思われる。この「立証の容易」という言葉から、安易に責任を認めることを想起されようが、こうしたマクロ的視点とミクロ的視点を峻別する必要がある。そして、実際のところ、証明度としての「高度の蓋然性」のハードルの高さにも留意しておく必要がある。高度の蓋然性は、一般的に裁判官が八〇パーセント程度の心証を得た場合には[57]、その事実認定をしてもよいことになるが、高度の蓋然性があれば誤判を避けられるというものでもなく[58]、証明度を引き下げるべきであるという説も有力である[59]。こうした高度の蓋然性というハードルが歴然としてある中で、「立証の容易」は必ずしも否定的に捉えるべきではないであろう。

ここで強調する必要性があるのは、「立証の容易」の議論の背景には、当事者間に証拠の偏在があるというところである。過失や因果関係を立証するにあたって、医療側の過失が大きければ大きいほど、ずさんな管理体制のために検査結果等が残っておらずに、裁判において、過失や因果関係の立証が困難となり、医療側に有利に働いてしまう不合理さ[60]をどの様に解消するかが[61]、裁判における公平性を考えるうえで重要といえる。

この問題につき、裁判所による工夫[62]のほか、最高裁の判例の傾向としても、因果関係の特定すら難しい事案について、医療行為の経過、症状発生の経緯、医療行為と症状の変遷の経緯、当該症状に対して通常行われる医療行為の内容などの確定可能な外形的事実を総合することで、医療側で特別の事情の存在についての主張・立証をしない限り、当該外形的事実の存在自体から、医療側の措置と患者側の結果発生との間に因果関係があり、かつ、医療側に過失があると推認してよいという共通の理論が見られるとする見方もある（外形理論）[63]。実際に、事実上の推定や経験則を用いることで、患者側の主張・立証の軽減を図ることができるともいわれている[64]。

生命・健康侵害、相当程度の可能性侵害、期待権侵害という、この三つの関係性は、立証の容易さを図る議論の中で基準化されてきたものである。すなわち、生命・健康侵害の場合は、通常の民事訴訟の証明度で判断されるが、その証明が困難な場合には、より立証のしやすい相当程度の可能性侵害が議論されることになる。相当程度の可能性侵害が問題になる事案は、不作為事案が対象になるため、その因果関係を立証することはそもそも困難である。そこで、救命率など統計による基準を用いることも許容されている。平成一二年最高裁判決は、「二〇パーセント以下だが救命できた可能性は残る」とする鑑定書が提出されている事案であった。また、平成一五年最高裁判決（最判平成一五年一一月一一日民集五七巻一〇号一四六六頁）は、死亡者を含めた全体の約二三パーセントには中枢神経後遺症が残らなかったという統計数値があり、完全回復率が二二・二パーセントで残りの七七・八パーセントの中には軽症の者も含まれているという統計数値から相当程度の可能性を認めている。これにより、二〇パーセント前後の可能性であってもそれを保持する利益は法的保護に値すると考えてよいという指摘もある。(65) 統計資料をどのように斟酌するかという別の問題もあり、その評価をめぐって非論理性の危惧もあるが、こうした救命率という統計を用いた議論も、立証の容易化の一つと位置づけることもできよう。(66)

そうなると、医師の義務違反行為と結果との因果関係が証明について、生命・健康侵害と相当程度の可能性侵害の関係性は維持しつつ、医師が期待権侵害を理由とする損害賠償責任を負うこととの整合性を明らかにする必要がある。

しかし、民事訴訟における証明の問題に端を発し、事実としてそのような議論の変遷をたどっているとしても、理論的に因果関係の有無を捨象した関係性を実体法上も（なし崩し的に）認めてもいいのかという問題がある。因果関係がない以上、そうした考え方は認められないと即断する事も結果の妥当性の観点から問題があろう。そこで、因果関係の問題と期待権理論の問題を改めて整理する必要があると思われる。

3　因果関係と期待権理論の再構成

因果関係の問題を捨象して、期待権理論と連続させる理解の仕方は合理性がある一方、理論上の整合性という観点からは疑問も残る。(67)証明度の軽減の理論をどの程度認めるかは民事訴訟法学において大きな論争になっているものであるとはいえ、高度の蓋然性のハードルの高さゆえに、(68)民事訴訟における証明の基準を変えずに権利や法益を変えることによる解決は、実質的には証明度を下げていることに他ならず、理論的課題のあるまま安易に認めうるものかは争いがあろう。

こうした問題に対して、そもそもの期待権侵害の基本に立ち返ると、医療の不適切さという点を改めて考える必要がある。医療過誤訴訟の問題は、医療ミスかどうかという点に焦点が当たり、これが医療崩壊にもつながるとして強調すべきでないという指摘もなされている。(69)しかし、結果の有無以上に、医師の行為や対応など、その態様に問題があるからこそ、訴訟にまで発展していると考えられる。(70)一般的に期待権は患者の主観的な問題とされるが、患者と医師の関係において、医師のプロフェッションに基づく信頼があるからこそ、患者は自分の生命・身体を医師に託しているわけである。そうした信頼を裏切る行為が問題といえる。もっとも、この点を強調すると、無因果関係が問題視されるであろう。しかし、損害との関係で、何かしらの身体的な影響がなくてはいけないというものではないのは、慰謝料が認められていることからも明らかであり、なんら矛盾するものではない。

このように考えると、民事訴訟において、期待権侵害は医療過誤訴訟のベースにもなりうる医師の行為の問題としての意味合いがあるのではないだろうか。そして、それは個別の権利・利益侵害として独立の意味を持たせるこ

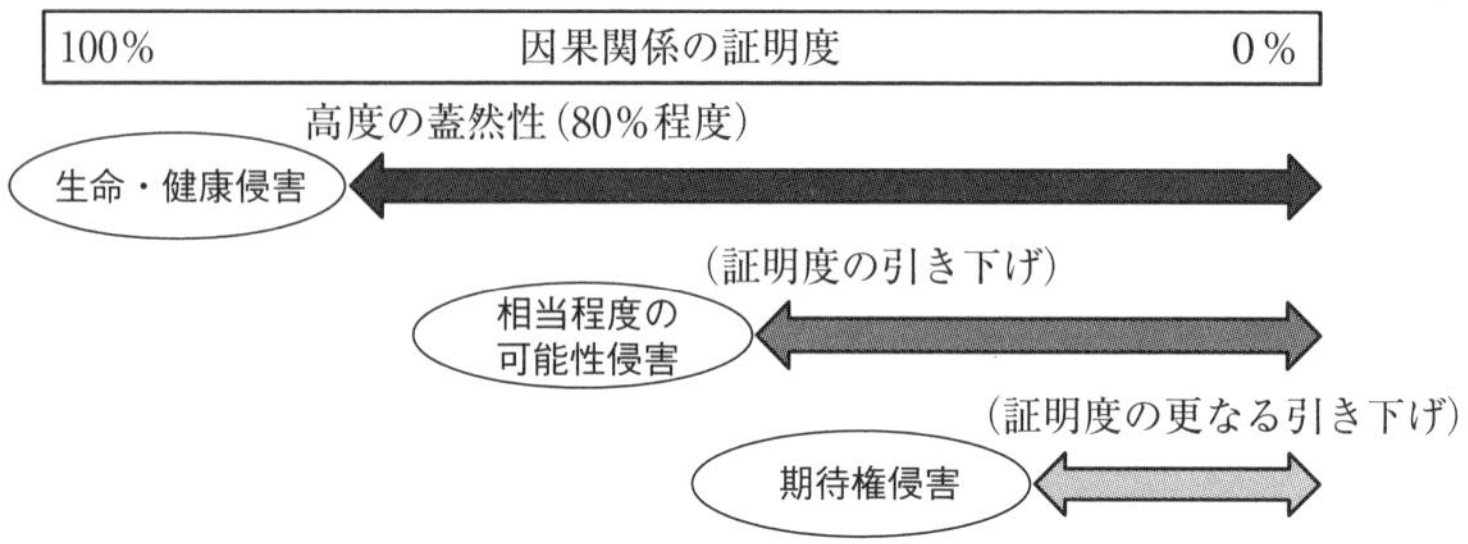

図２　期待権＝因果関係の立証軽減モデル

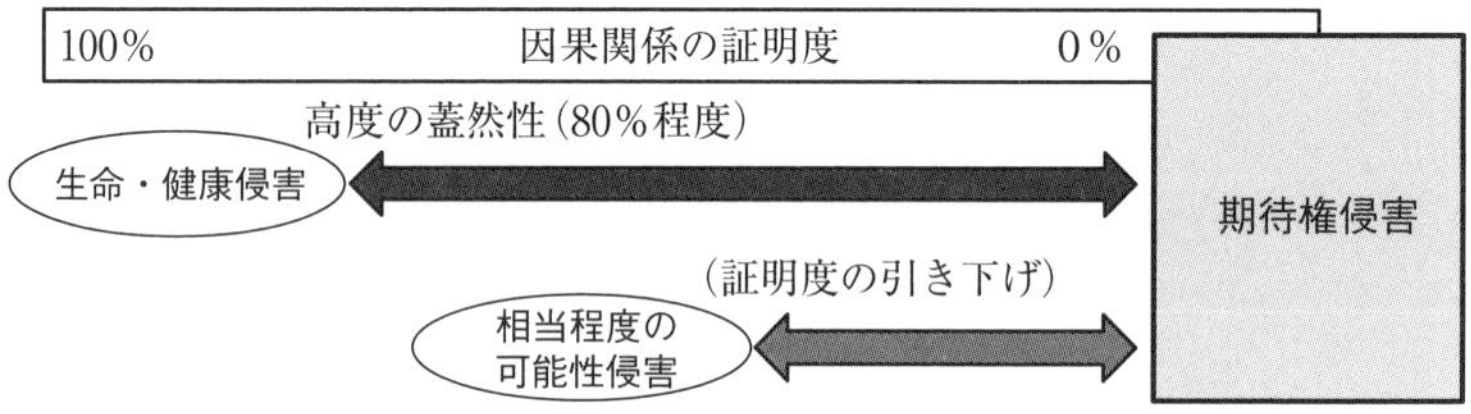

図３　期待権＝不適切医療の基盤的モデル

とができると思われる。

　以上のように、期待権理論の議論の経緯から考えると立証の軽減が主目的であるが、そうして定立してきた理論を再構成すると、二つのモデルが考えられる。そして、従前の因果関係の証明度の問題として、生命・健康侵害、相当程度の可能性侵害に次ぐ位置づけとしての期待権侵害というこれまでの因果関係の立証軽減モデル（**図2**）ではなく、生命・健康侵害、相当程度の可能性侵害が因果関係の証明の問題であることに対し、期待権侵害はそうした権利・法益侵害が発生しうるベースにある不適切な医療の存在の問題であると理解する不適切医療の基盤的モデル（**図3**）で説明でき、期待権侵害は、この理解の方が整合的なのではないかと思われる。

4　期待権侵害論とその他の権利義務・法益論との関係性

では、従前より議論のあった延命利益論や機会の喪失理論との関係はどうであろうか。期待権侵害論は、適切な医療行為がなされなかったことそれ自体により損害が認められるという構成をとるため、相当程度の可能性すら因果関係の立証ができない場合に医師の責任を問えるかという疑問はかねてより生じている。

この問題は、期待権侵害論に内包されうる権利・利益との関係と対比することで、因果関係の立証の困難さが明確になる。延命利益論は、死期が早まったことを具体的・数量的にとらえるために、延命の可能性の立証が必要となり、どれくらいの延命ができるのかが問題になりうるし、機会の喪失論は、医療行為がなされなかったこと自体を問題とするために[71]、それによる権利・利益侵害はやはり期待権侵害論と同一の方向にならざるを得ない[72]。これらは、結局のところ、その損害の内容把握が困難であり、相手方の攻撃防御方法も判然としないものとなる。

そうなると、期待権侵害論の位置づけは、行為と結果の間の因果関係の有無とは異なる次元の問題として処理することであり、証明軽減の問題とは異なる議論と解するのが妥当であると思われる。

なお、医療過誤訴訟では、注意義務の一態様として説明義務違反を認める判断もあるが、その説明義務違反と自己決定権の関係性も類似した議論であるといえる。説明義務違反は、それによる権利侵害との因果関係が認められる必要があるが、自己決定権侵害のみを理由とする判断もある[73]。期待権侵害は、自己決定権侵害に類似する独自の権利・利益侵害ともいえよう[74]。

5　期待権侵害の損害評価

期待権侵害に対する損害の内容は慰謝料である。(75) その考慮要素については、原告・被告双方の事情、および関係する医療行為の内容の三つについて配慮がなされることになろう。(76) 手嶋教授の分析によると、説明不適に関わりなく結局当該治療を選択したと解される可能性が高い場合には、適正な情報を与えられなかったために選択ができなかったことによる精神的損害の塡補としての慰謝料という形で相当額の賠償を認めることになる。そして、不治療の悪結果との因果関係は否定するという判決を指摘しつつ、高額の慰謝料が認容されている事例では、①医療技術上の過誤との重複、②事故の結果の重大性、③医療行為の必要性・緊急性の三つが重要な要素となっていると指摘する。(77) したがって、期待権侵害はその不適切性の程度が損害とも関係しよう。

期待権侵害は、医療における信頼関係の破壊ともいえ、これは医療に起因する身体的・客観的な側面と、医療関係者に対する信頼を裏切られたという心理的・主観的側面の両面があり、その両者は異なった苦痛であると理解されることから、その評価が合算され賠償額が高くなるという指摘もあり、(78) そうなると、それらを分けて評価することも可能ではないかと思われる。(79) 慰謝料の損害評価は、一般に低く見積もられがちであり、これまで述べてきた三つの段階に応じて、損害額も差がつくということは確かにもっともな考え方ではあるが、その評価対象を細分化して峻別して考えることで、個別事案に応じた算定が可能になると思われる。なお、その際に、期待権を権利として捉えるか、利益として捉えるかでもその算定は異なると思われ、どのように主張立証をするのかによって、その算定・評価も変わってくると思われる。

五　期待権侵害論の立証のあり方

1　期待権における主観的な利益保護の客観化

以上の議論をふまえると、期待権侵害の問題は、理論的には、因果関係の議論とは別個独立した議論として構成する必要がある。そうなると、適切な医療を受けられなかったことそれ自体を争うことになり、それを独自の不法行為責任として追及することになろう。期待権は主観的な利益であるとする見解からすれば、何をもってその侵害になったかどうか不明確であることから、その内容の客観化が必要であり、それが民事訴訟における立証の礎にもなる。もっとも、行為不法のみを争うことができるのかという疑問が示されてはいるものの[80]、粗雑診療を放置することの問題も指摘されている[81]。実際に、生命侵害を理由とする賠償請求も、相当程度の可能性の侵害を理由とする賠償請求も認められない場合、①期待権が俎上にのせられる場面が限定されると同時に、②専門家に対する信頼が裏切られたことを理由として他の専門家の賠償責任を安易に認容してしまうことが回避されるように解すべきとする見解もあり[82]、期待権侵害を濫用すべきではないものの[83]、一定程度、その適用をすべき場面を考えてもよいように思われる[84]。

その適用を考えるに際して、現状、その適用範囲や立証方法が不明確であるため、それを明確にする必要がある。

2　期待権侵害の立証

では、民事訴訟法の観点から、「適切な医療を受ける期待権」が認められるためには、何をどのように主張立証する必要があるのか模索したい。

本稿では、これまでの分析により、相当程度の可能性が立証できない場合に因果関係なしとして賠償が認められないという因果関係の議論から切り離して、独立した問題として、期待権侵害独自の判断基準を定立することが必要となり、特に、「診療の適切さ」の基準化が重要となる。そこでは、期待権を主観的な問題ではなく、医学的な行動基準に照らして評価することになる。[85] これについて、無因果関係を肯定することになるという指摘に対しては、[86] 因果関係の問題ではなく、そもそも医師の行為の悪質性に対する精神的損害として理解し、[87] その行為態様の客観化を図ることで解消しうると考える。すなわち、医師の行為との関係で患者の要保護性を見出すための客観的な事実を明らかにするのである。この行為態様については、所説分かれる。

一般的には、「およそ医療行為の名に値しない粗雑診療の場合など、行為の悪質性が極めて高い一部の事例に限って認めるべき」[88] とあるように、行為の悪質性が重要な判断要素になると思われる。ではその具体的な中身は何だろうか。

まず、要件的に整理すると、医療水準という客観的な基準にかなう医療を行わなかった医療従事者の不適切な態度を行為不法的な要素としてとらえ、[89] ①患者の生命や身体が危機に瀕している状況下で、②裁量の範囲を超え、③医療水準に満たない医療行為しかなされなかった場合には、死亡した患者の遺族または重大な後遺症が残った患者からの期待権侵害を理由とする慰謝料請求が認められうると考えられる。[90]

次に、考慮要素につき、例えば、「患者の症状、問題となった医療行為の性質、医師の行為の医療水準からの逸脱の程度、インフォームド・コンセントを含めた患者と医師との信頼関係の形成状況等を考慮しつつ、事案に応じた検討をすべき」[91]という指摘がある。また、「科学的準則を考慮しないような合理的根拠を欠く内容の行為を医療として医療関係者が行ったというような事案」[92]、「専ら診療報酬を高額にするための行為（作為）や専ら個人的な嫌悪感、怨恨を理由とした為すべき行為をなさなかった不作為」[93]といった形で、具体的に問題となりうる行為態様が指摘されている。以上のような要素を総合的に検討し、医師の行為態様が不適切であると認められる場合には、生命健康侵害や相当程度の可能性侵害とは別個独立のものとして、その損害賠償請求を認めることが可能となると理解できる。

これをもう少しマクロの視点で捉えて、粗雑診療を明確化する試みも行われている。[94]それによると、著しく不適切な医療行為によって侵害される患者の利益を、①疾患の見落とし→適時に適切な医療を受ける機会の喪失（期待権侵害）、②説明義務違反→自己決定権侵害、③末期患者や精神病患者に対して投げやりな医療がなされた場合→生命の尊厳・質の侵害、④患者がその主義・信条、信仰、生き方などによって医療水準とは異なる医療を求め、その提供を医師が約束したのにそれが履行されなかった場合→ライフスタイル侵害、⑤説明から判断・選択までに本来必要な時間的余裕が与えられなかった場合→熟慮の機会の喪失という形で類型化する。[95]いずれの利益も本質的には、「人間として尊重される権利」、「人間としての尊厳」[96]であるとする。この考え方によると、因果関係の有無という既存の価値概念にとらわれずに、医療過誤訴訟の争点を網羅しつつも、その再構成を図ることにもなり、その類型に応じた権利・利益侵害の具体化に役立つと思われる。

もっとも、こうした考え方に対し、そもそも患者の主観的な利益の問題は最初から外してしまっていてもいいのかという別の問題もあろう。患者が期待をした事実・期待そのものは、患者によって幅があり、また求めるものも異なるとはいえ、期待権といいつつも、主観的な利益を全く考慮に入れずに判断されることにも躊躇を覚える。医師の行為態様のみにとらわれずに、患者側の期待も一考慮要素には入れるべきであろう。

六　まとめ

以上、期待権侵害論について、平成二三年最高裁判決の位置づけとそれに対する民事訴訟法上の理解、その立証をする上での留意点を述べた。まだ裁判例が少なく、権利構成か利益構成か、因果関係の証明の軽減か異なる法的構成か、さらなる検討を要することは必要であることはもちろんであるが、期待権侵害論は、結果に与することがなくとも、医療者若しくは医療機関の誠実な対応の問題として、それは医療安全にも影響しうる問題提起の手段としては有用である。そして、その意見表明を客観化した「適切な医療を受ける期待権」として、幅広く用いることは、よりよい医療の環境をつくることに資することになろう。もっとも、客観化の必要性の反面、医師の社会的信頼に対する患者の期待に対し、医師の行為不法は患者の期待の裏切りでもあり、その側面を踏まえると、患者の主観と医師の行動は関連するといえ、[97] 患者の主観面もその限りでは考慮すべきであろう。民事訴訟法学としては、期待権侵害論は、因果関係における証明の問題と証明軽減の理論との接続として興味深い問題ではあるものの、その性質の違いゆえに、峻別をする必要がある。以上のような整理から、医療過誤訴訟における期待権侵害の活用場面の再検討とその適正な理論の適用が望まれる。

（1）著者は手続法を研究領域としているが、医療過誤訴訟は実体法と手続法が交錯する分野であるため、その両面にまたがる本テーマである以上、実体法分野の考察も含めて行う。

（2）高橋和之ほか編集代表『法律学小辞典〔第五版〕』（有斐閣、二〇一六年）一九九頁。

（3）取材対象者の期待権につき、「取材対象者が同人に対する取材で得られた素材が上記一定の内容、方法で当該番組において取り上げられるものと期待し、信頼したことが法律上保護される利益となり得る」としたものとして、最判平成二〇年六月一二日民集六二巻六号一六五六頁。

（4）予定されていた採用内定通知書授与の直前に内々定の取り消しを行うことは、就労への期待権を正当な理由なく侵害する行為に該当するとして、慰謝料が認められる。例えば、福岡高判平成二三年三月一〇日労働判例一〇二〇号八二頁、ほかに東京高判平成一九年一一月二八日賃金と社会保障一四六四号五三頁もある。

（5）保険者の受取人変更手続義務について、新保険金受取人が保険金を受領し得る相応の期待権が発生していたとして、期待権侵害に基づく不法行為を認め、損害賠償を認めている。例えば、東京高判平成一八年一月一八日金融・商事判例一二三四号一七頁。

（6）鈴木利廣監修、医療問題弁護団編『医療事故の法律相談〔全訂版〕』（学陽書房、二〇〇九年）八三頁〔梶浦明裕〕。

（7）門口正人編『裁判官の視点——民事訴訟と専門訴訟』（商事法務、二〇一八年）二三九頁〔福田剛久〕。

（8）小山稔＝西口元編集代表、塩谷國昭＝鈴木利廣＝山下洋一郎編『専門訴訟体系1　医療訴訟』（青林書院、二〇〇七年）四一頁〔安東宏三〕は、「訴訟実務上ほぼ定着するに至った」とある。

（9）鈴木監修・前掲注（6）八五頁〔梶浦明裕〕。

（10）秋吉仁美編著『リーガル・プログレッシブシリーズ8　医療訴訟』（青林書院、二〇〇九年）四七〇頁〔大嶋洋志〕。

(11) 患者としては、死亡の結果は免れないとしても、現代医学の水準に照らして十分な治療を受けて死にたいと望むのが当然であり、医師の怠慢、過誤によりこの希望が裏切られ、適切な治療を受けずに死に至った場合には、甚大な精神的苦痛を被るとして、精神的苦痛を慰謝料算定の一要素として請求を認めた判決である。
(12) 十分な患者管理のもとに診療・診察してもらえると期待していた患者の期待を期待権と明示し、それをもって診療契約において正当に保護されるべき法的権利といっても過言ではないとして、期待権侵害による精神的苦痛を慰謝料算定の一要素として請求を認容した判決である。
(13) 学説においても、新美育文「医療事故事例における『期待権』の侵害について」自由と正義四七巻五号(一九九六年)五七頁、石川寛俊「延命利益、期待権侵害、治療機会の喪失」太田幸夫編『新・裁判実務大系(1) 医療過誤訴訟法』(青林書院、二〇〇〇年)三〇五頁、大塚直「不作為医療過誤による患者の死亡と損害・因果関係論——二つの最高裁判決を機縁として」ジュリスト一一九九号(二〇〇一年)一六頁、橋口賢一「拘置所に勾留中の者が脳こうそくを発症し重大な後遺症が残った場合について、速やかに外部の医療機関へ転送されていたならば重大な後遺症が残らなかった相当程度の可能性の存在が証明されたとはいえないとして、国家賠償責任が認められなかった事例(最高裁判所第一小法廷平成一七・一二・八判決)」法律時報七八巻一〇号(二〇〇六年)八〇頁等で肯定的に捉えられている。
(14) 古瀬駿介「損害の発生(1)」根本久編『裁判実務大系第一七巻 医療過誤訴訟法』(青林書院、一九九〇年)二九六頁。
(15) 期待権については実務家による議論が多く、石川寛俊弁護士の論文のほか、中村哲『医療訴訟の実務的課題——患者と医師のあるべき姿を求めて』(判例タイムズ社、二〇〇一年)三二四頁以下[初出・一九八九年]も詳しい。
(16) 石川寛俊『医療裁判』(日本評論社、二〇一〇年)三頁以下[初出・一九九八年]。大塚直「公害・環境、医療分野における権利利益侵害要件」NBL九三六号(二〇一〇年)四〇頁以下も参照。同・四九頁では、期待利益は主観的利益ではないと明言している。なお、大島和夫『期待権と条件理論』(法律文化社、二〇〇五年)二三頁は、「従来の法の世界における期待権(条件付権利)が、経済的意味における期待にまで拡大されたものとみることができる」としている。
(17) 本稿では、比較的新しい裁判例で「期待」という用語を用いているものを類型化しているが、中村・前掲注(15)三一五頁以下では、昭和年代の肯定例と否定例を整理していて参考になる。

(18) 控訴審は、東京高判平成一三年一一月五日LEX／DB文献番号28071035であるが、同様の内容の判決となっている。
(19) 控訴審は、東京高判平成一七年一月一八日LEX／DB文献番号28101519であり、原判決取消請求棄却、上告審も、最判平成一七年一二月八日判時一九二三号二六頁で上告棄却しているが、後述の通り、意見として期待権侵害の考えにつながる一節もある。
(20) 原審は、秋田地判平成八年三月二二日判タ一五九五号一二三頁（請求棄却）、上告審は、最判平成一四年九月二四日判時一八〇三号二八頁（上告棄却）である。
(21) 原審は、山形地判昭和六二年一二月二一日判例集未登載である。
(22) 控訴審の東京高判平成七年一二月二六日LEX／DB文献番号28011071は、原判決取消請求棄却になっている。
(23) 原審は、福岡地判平成二四年四月二四日LEX／DB文献番号25501606（一部認容）である。
(24) 控訴審である東京高判平成二九年七月三一日LEX／DB文献番号25538504も、著しく不適切な医療行為を行っていたことを認めるに足りる証拠がないとして控訴棄却し、上告審である最判平成三〇年二月一日LEX／DB文献番号25560344も上告棄却している。
(25) 第一審は、新潟地判平成二四年一〇月一日D1-Law判例体系ID28243073（請求棄却）、原審は、東京高判平成二六年五月二九日D1-Law判例体系ID28243074（一部認容）である。手嶋豊『医事法入門〔第五版〕』（有斐閣、二〇一八年）二六一頁も参照。
(26) 橋口賢一「適切な医療行為を受ける期待権の侵害のみを理由とする整形外科医の不法行為責任の有無（最高裁平成二三・二・二五判決）」法律時報八四巻八号（二〇一二年）一一九頁。
(27) 最高裁は、最決平成二五年六月二七日LEX／DB文献番号25501345で、上告不受理決定している。
(28) 秋吉仁美「因果関係」髙橋譲編著『医療訴訟の実務』（商事法務、二〇一三年）五六三頁では、生命の割合的侵害を肯定したわけではないとしても、過失と患者の死亡との間の因果関係につき高度の蓋然性が立証できなかった場合、相当程度の可能性としての損害賠償・慰謝料が認められるかという形で判断を求められていることとも関係し、因果関係が認定できなかった場合の予備的主張のような位置づけにあると指摘されている。これが期待権侵害の可能性により、相当程度の可能性侵害が認められなかった場合の予備的主張の位置づけへと発展していると思われる。

(29) 例えば、大阪地判平成二八年三月八日判時二三一八号五九頁では、原告が、被告（医療法人）の開設する病院に入院中、左脳梗塞を発症して重度の失語症などの後遺症が残ったのは、原告の主治医であった被告代表者の医師において、原告の臨床症状やCT検査画像から脳梗塞を診断し又はそのための検査を行うべき義務に違反したからであると主張して、被告に対し、主位的請求として、上記義務違反がなく適切な治療を受けていれば、上記後遺症を回避又は軽減できた相当程度の可能性があったとして、診療契約の債務不履行による損害賠償請求権に基づき、予備的請求として、適切な医療行為を受ける期待権を侵害されたとして代表者の不法行為による損害賠償請求権に基づいて損害賠償金の支払を求めている（主位的請求につき請求額を減額したうえで一部認容〔一五〇万円〕した。）。

(30) 吉田邦彦「適切な医療行為を受ける期待権の侵害のみを理由とする整形外科医の不法行為責任の有無（消極）（脛骨高原骨折の接合手術後の下肢深部静脈血栓症という後遺症事例）――当該医療行為が著しく不適切なものである事案について検討し得るに止まる（最二判平成二三・二・二五）」判例時報二一二〇号（判例評論六三二号）（二〇一一年）一七二頁。

(31) 手嶋豊「適切な医療行為を受ける期待権の侵害のみを理由とする不法行為の可否（最二判平成二三・二・二五）」私法判例リマークス四四号（二〇一二年）三八頁。

(32) 峯川浩子「適切な医療行為を受ける期待権の侵害のみを理由とする不法行為責任の有無」年報医事法学二七号（二〇一二年）一四九頁。

(33) 円谷峻「適切な医療行為を受ける期待権の侵害のみを理由とする整形外科医の不法行為責任の有無を検討する余地がないとされた事例（最判平成二三・二・二五）」法の支配一六五号（二〇一二年）一二三頁。

(34) 山口斉昭「下肢深部静脈血栓症治療に対する期待権侵害」医事法判例百選〔第二版〕（二〇一四年）一五一頁。

(35) 平野哲郎『医師民事責任の構造と立証責任』（日本評論社、二〇一八年）三二五頁［初出・二〇一一年］。

(36) 平野・前掲注（35）二五四頁は、平成二三年最高裁判決が用いた期待権は、従来の期待権とは区別して、「客観的期待権」と呼ぶのがふさわしいと指摘する。

(37) 橋口・前掲注(26)一一六頁。
(38) 中村さとみ「生存についての相当程度の可能性・期待権侵害」福田剛久＝高橋譲＝中村也寸志編著『最新裁判実務大系2 医療訴訟』(青林書院、二〇一四年)六六〇頁。
(39) 大塚・前掲注(13)九頁。
(40) 飯塚和之『民事責任の諸相と司法判断』(尚学社、二〇一二年)二四三頁[初出・二〇〇四年]。
(41) 例えば、志村由貴「『相当程度の可能性侵害論』をめぐる実務的論点」ジュリスト一三四四号(二〇〇七年)七七頁、前田順司「医師の注意義務違反と因果関係——相当程度の可能性」医事法判例百選〔第一版〕(二〇〇六年)一六五頁、澤野和博「医師の過失により患者の生存可能性が奪われた場合における損害賠償責任(最高裁第二小法廷平成一二・九・二二判決)」名経法学一〇号(二〇〇二年)一九五頁。
(42) 山口・前掲注(34)一五一頁。
(43) 山口・前掲注(34)一五一頁。
(44) 石川・前掲注(16)三八頁[初出・一九八九年]。
(45) 例えば、中村・前掲注(15)三二一頁では、患者の期待権保護のためには、医師に少なくとも、①その診療過程の主要な部分において、②著しいミスがあり、③それと患者の死亡や重大な機能障害や延命との間に事実的因果関係が認められないものの、④右患者の右期待を喪失させた場合であることを要し、その範囲で期待権の侵害として法的に救済されるものとするのが相当と指摘しており、その内容の明確化を図っている。
(46) 平野・前掲注(35)三三六頁。なお、平野教授は同頁で、本事案が過失・因果関係ともに請求棄却で足りる事案にあえて損害論に踏み込んだことにつき、「期待権侵害による損害賠償が認められる場合を明らかにするためだったと理解することも可能」であるとも指摘する。
(47) 橋口・前掲注(26)一一九頁は、最高裁判決が著しく不適切なケースを権利性に即して判断していたのが、大阪地裁判決は違法性に即して判断していることを指摘する。
(48) 景観という主観的な利益であっても、それを客観的な基準や指標が明確になることで、損害賠償との対象になる例として、心理的瑕疵の問題がある。これについては、長島光一「心理的瑕疵物件の民事執行上の課題――主観的な被害の対応をめぐって」拓殖大学論集 政治・経済・法律研究二〇巻二号（二〇一八年）一四三頁以下参照。

(49) 大塚・前掲注(13)一六頁は、平均的治療の機会が与えられることは、医療行為が手段債務である以上当然であり、このようなものを独自な損害と構成することは可能であるとも指摘する。

(50) 平野・前掲注(35)三三六頁。

(51) 橋本英史「医療過誤訴訟における因果関係の問題」太田編・前掲注(13)一九三頁以下。なお、本稿は不作為型の医療過誤訴訟を念頭に議論しているが、作為型の医療過誤訴訟の場合においても、因果関係について他原因と競合した場合につき、割合的因果関係論の問題が生じうることを指摘しておく。

(52) 米村滋人「『相当程度の可能性』法理の理論と展開」法学（東北大学）七四巻六号（二〇一一年）二五〇頁以下では、相当程度の可能性侵害を具体的「可能性」と抽象的「可能性」に分けて論じる中で、期待権理論との関係性も指摘している。

(53) 浦川道太郎＝金井康雄＝安原幸彦＝宮澤潤編『専門訴訟講座4 医療訴訟』（民事法研究会、二〇一〇年）三五二頁〔柴田崇〕。もっとも、一連の判例が「相当程度の可能性の存在」が証明されなかった場合の意思の損害賠償の有無について触れていないことも指摘する。

(54) 医療過誤における証明責任の軽減については、石川寛俊「医療事故訴訟での証明責任の緩和――主に因果関係」法と政治（関西学院大学）六五巻四号（二〇一五年）一六五頁以下。

(55) 米村滋人『医事法講義』（日本評論社、二〇一六年）一四九頁。また、同一五一頁は、ルンバール事件判決を引用する最高裁判決や下級審判決は、「何らかの形で因果関係の認定を緩和する方向性を根拠づけていると見られ、証明の『対象』すなわち実体法上の因果関係概念を緩和して理解したことによるものと理解することもできる」と指摘する。

(56) 前田・前掲注(41)一六五頁は、「実際のところは因果関係の証明度を軽減させて結論を導いている」と指摘する。大塚・前掲注(13)一四頁も同旨。

(57) 大島眞一「医療訴訟の現状と将来―最高裁判例の到達点」判例タイムズ一四〇一号（二〇一四年）五頁。古いものとしては、橋本・前掲注(51)一九五頁。

(58) 加藤新太郎「証明度(2)——長崎原爆訴訟上告審判決」伊藤眞＝加藤新太郎編『判例から学ぶ民事事実認定』(有斐閣、二〇〇六年)二〇頁は、当該判決につき、高度の蓋然性という原則的証明度の引き下げではなく、これまで高度の蓋然性の内実が高すぎたので、それを下げたと理解する。

(59) 代表的なものとして、例えば、伊藤眞教授の優越的蓋然性説(伊藤眞「証明、証明度および証明責任」法学教室二五四号(二〇〇一年)三四頁)、須藤典明元判事の相当程度の蓋然性説(須藤典明「民事裁判における原則的証明度としての相当程度蓋然性」伊藤眞先生古稀祝賀論文集『民事手続の現代的使命』(有斐閣、二〇一五年)三四一頁以下)がある。詳細は、高田裕成＝三木浩一＝山本克己＝山本和彦編集『注釈民事訴訟法　第四巻　§§一七九～一八〇　第一審の訴訟手続(2)』(有斐閣、二〇一七年)七頁以下〔大村雅彦〕。

(60) 植木哲編『人の一生と医療紛争』(青林書院、二〇一〇年)六八頁〔伊藤さやか＝清水佐和＝合間利〕。

(61) 浦川ほか編・前掲注(53)一六八頁〔山口斉昭〕は、「実際の医療事故においては、確かに救命等の『相当程度の可能性』の証明がなされなかったが、その証明ができなかったのは、まさに医療水準に従った適切な検査や診断等が行われていなかったからであるといったこともあり得る」と指摘し、「そのような場合には、むしろ立証責任の転換や事実上の推定等で対処すべきであり、これまでもそのような手法がとられてきたことなどを考慮すると、やはり『医療水準に従った適切な医療』がなされたか否かは、まずその点が判断されるべき重要な点である」ともいう。

(62) 門口編・前掲注(7)二四〇頁以下〔福田剛久〕では、情報の偏在に対応した審理を、平成一九年運営指針・平成二五年運営指針に加えて、具体的な訴訟運営の場面ごとの工夫や主張立証責任との関係から整理している。

(63) 園尾隆司「医療過誤訴訟における主張・立証責任の転換と外形理論」新堂幸司古稀祝賀『民事訴訟法理論の新たな構築(下巻)』(有斐閣、二〇〇一年)二一三頁以下。

(64) 大島・前掲注(57)二〇頁以下。患者側の主張・立証の軽減という意味においては、医師の重過失と因果関係の推定を結びつけるドイツの立法のあり方は参考になろう。例えば、円谷峻「重大な医療過誤と因果関係の証明」明治大学法科大学院論集七号(二〇一〇年)二一三頁以下。

(65) 中村・前掲注(38)六五六頁。なお、平野・前掲注(35)二四七頁以下は、相当程度の可能性の法理における「相当程度」は、かなり低い可能性でも認められるとして、機会喪失論との接近を指摘する。

(66) 平野・前掲注(35)二四六頁は、立証責任転換・緩和アプローチや機会喪失論を採用することは解釈論として困難であるが、原告の因果関係の証明困難を救済する必要があるという認識から最高裁が生み出したのが、相当程度の可能性法理であると評価することができると指摘する。そして、「医療訴訟に適用場面を限定して、医師の過失が認められ、結果が重大な場合には因果関係が証明できなくても一定の損害賠償を認めようというこの法理の着想は卓越している」と評価し、だからこそ理論構成に苦心していた下級審が歓迎し「相当程度の可能性ラッシュ」が発生したと分析する。

(67) 米村・前掲注(55)一四八頁は、因果関係の認定困難事例に対し、①訴訟上の証明における対応と②実体法上の概念構成における対応の二つが存在し、近時は後者の対応が多数であると指摘する。

(68) 証拠の提出場面と証拠評価場面は区別され、その評価は裁判官の自由心証主義によるため、その判断の厳格さの程度は、事例ごとに異なると思われる。これにつき、原審は「相当程度の蓋然性」でもって請求を認めた事案につき、最高裁は「高度の蓋然性」の基準を維持しつつも、同じ事実認定に基づき請求を認めた最判平成一二年七月一八日判時一七二四号二九頁がある。

(69) 吉田・前掲注(30)一七二頁。

(70) 患者の責任追及の理由や訴訟への願いにつき、小山＝西口編集代表、塩谷＝鈴木＝山下編・前掲注(8)八頁〔鈴木利廣〕参照。

(71) 中原太郎「機会の喪失論の現状と課題(1)」法律時報八二巻一一号(二〇一〇年)九五頁以下に詳しい。

(72) 窪田充見『不法行為法〔第二版〕』(有斐閣、二〇一八年)一五六頁は、機会の喪失それ自体を損害として位置づける場合、機会の喪失という事実に対する評価が問題となるが、これを財産的な不利益と位置づけるのか、非財産的な利益の侵害(自己決定権侵害と類似)と位置づけるのかで分かれると指摘する。

(73) 尾島明「説明義務違反」福田＝高橋＝中村編著・前掲注(38)四三二頁以下によると、①説明義務違反と治療行為による結果との間に因果関係が認められる場合には、患者の生命身体という法益が侵害されていることになるから、損害として死亡または障害による将来の逸失利益まで賠償を認めることが出来ることになる。一方、②説明義務違反と治療行為による結果との間に因果関係が認められない場合、説明義務違反があって、身体に対する侵襲行為である治療行為に及んでいる以上、患者が十分説明を受けたうえで治療に同意するという人格権としての自己決定権が侵害されていることは明らかであるから、その侵害に対する損害賠償としての慰謝料は認められるとされる。

(74) 秋吉編著・前掲注(10)四八二頁以下〔大嶋洋志〕によると、「一般的には、患者の自己決定権は自己の生命や身体というより大きな法益を守るために行使されるから、医師の説明義務違反が生命や身体等の法益侵害との間で因果関係を有する場合には、自己決定権侵害それ自体から発生する精神的損害は、死亡や後遺障害等に対する慰謝料算定の中で考慮されるにすぎず、独自の損害として訴訟の前面に現れることはほとんどない」と指摘する。そして、「医師の説明義務違反によって患者の自己決定権が侵害されたという事実が存在する以上、その自己決定権が顕在化し、これによって患者が被った精神的損害を賠償すべき不法行為責任を負うことになる」とする。損害評価については、「同じように死亡や後遺障害等の不幸な結果が生じたとしても、患者が自己決定権を行使する機会を奪われた場合には自ら治療法を選択した場合に比べて、その結果を受け入れることが出来る度合いが低くなり、その分だけ精神的な苦痛が強まることになるから、その点を損害額に反映させる必要があり、また、それで足りることになる」と実務的には考えられている。

(75) 潮見佳男『不法行為法Ⅰ〔第二版〕』(信山社、二〇〇九年)三八二頁は、「生命・身体・健康侵害と過失行為との間に因果関係がないのであれば、賠償されるべき損害は、適切な診療を受けることへの期待を裏切られたことを理由とする精神的苦痛に対する慰謝料程度ということにな」り、「慰謝料額はそれほど高額にならないのが実情である」と指摘する。そして、同三八五頁は、「相当程度の可能性」については、可能性の程度に応じた逸失利益の賠償も認めるべきとする。

(76) 手嶋豊「医療における同意の前提としての説明義務に違反したために認められた慰謝料額の算定に関する考察」ジュリスト一一九九号(二〇〇一年)一八頁以下。なお、アメリカでは、患者の同意がなかった医療行為と十分な情報提供に基づかないインフォームド・コンセント違反の医療行為とを区別している。

(77) 手嶋・前掲注(76)二二頁によると、慰謝料算定事由において最も多く用いられる文言は、「諸般(一切)の事情を考慮する」という表現であり、患者側の被害状況に言及する判決については、高額慰謝料認容と比例するともいわれている。一方で、算定事情が簡単に述べられるにとどまるものは、概して慰謝料額が低く抑えられる傾向があるとも指摘されている。

(78) 齋藤修編『慰謝料算定の理論』(ぎょうせい、二〇一〇年)七五頁以下〔手嶋豊〕。
(79) 期待権侵害の裁判例を慰謝料という観点から整理したものとしては、千葉県弁護士会編『慰謝料算定の実務〔第二版〕』(ぎょうせい、二〇一三年)一〇八頁。
(80) 吉田・前掲注(30)一七九頁は、医療の行為不法の問責については謙抑姿勢が示されたと評価する。もっとも、別稿だが、吉田邦彦『民法と公共政策講義録』(信山社、二〇一八年)六三頁は、積極的事例につき、因果関係の認定は厳密に考えると難しく、行為不法本位の責任認定がされていると指摘し、同六八頁で、「医療事故発生機序の複雑さ、不確実性の側面の存在の負担を、安易に被害者側に課するのは、情報の格差との関係で、近時の積極司法の遺産は、前向きに受け止められるべきものであろう」とし評価している。
(81) 平野・前掲注(35)三三三頁。
(82) 橋口・前掲注(26)一一九頁。
(83) 小山=西口編集代表、塩谷=鈴木=山下編・前掲注(8)四二頁〔安東宏三〕。
(84) 平野・前掲注(35)三三六頁。
(85) 窪田充見編集『新注釈民法(15)債権(8)』(有斐閣、二〇一七年)六〇四頁〔手嶋豊〕。
(86) 櫻井節夫「一、人工妊娠中絶後における死亡事故について、術前の身体状況の検査、術後の患者看視体制に医師の懈怠があるとした事例 二、医師の診療上の懈怠と患者の死亡との間に因果関係が認められないときでも、その蓋然性があるときは、患者は期待権の侵害を理由に債務不履行に基づく慰藉料の請求ができるとした事例」判例時報八八三号(判例評論二三二号)(一九七八年)二五頁以下、渡邉了造「過失あるも因果関係がない場合の慰藉料」判例タイムズ六八六号(一九八九年)六九頁等参照。
(87) こう解することで、例えば、カルテ改ざんの事例を想起すると、医療過誤それ自身を認めなくても、カルテ改ざんのみを独自の不法行為として認めることがあるように、その悪質性の程度による損害評価への反映が可能となろう。
(88) 米村・前掲注(55)一五五頁。
(89) 水野謙「『相当程度の可能性』と期待権」法学教室三九六号(二〇一三年)一二六頁。

(90) 水野・前掲注(89)一一七頁。正確には、この請求を「拒む理由はない」とする。なお、最高裁判決の「著しく」という表現につき、「甚だ」とか「著しく」などの表現に拘泥する必要はないともいう。

(91) 尾島明「生存についての相当程度の可能性」髙橋編著・前掲注(28)五六九頁。

(92) 手嶋・前掲注(31)四一頁。

(93) 志村・前掲注(41)七七頁。

(94) 平野・前掲注(35)三三三頁。

(95) 平野教授は、期待権侵害を「適切な治療を受ける機会」に置き換えて理解しているために、類型に期待権は含まれていないと思われる。

(96) 平野・前掲注(35)三三三頁。

(97) 小山=西口編集代表、塩谷=鈴木=山下編・前掲注(8)四一頁〔安東宏三〕は、期待権は医師の最善注意義務とうらはらの関係にあると指摘する。これを詳述したものとして、畔柳達雄=高柳浩造=前田順司編『わかりやすい医療裁判処方箋』(判例タイムズ社、二〇〇四年)二〇八頁〔安東宏三〕があり、期待権侵害論を、診療契約から導かれる医師の最善を尽くす義務を裏返しにした議論であり、「本来真摯に最善の注意を尽くして行われるべき医療行為が、患者の期待を裏切って極めて杜撰な形で行われたとき、たとえ重い結果の発生には因果関係がないとしても、そのような杜撰な行為の責任が問われる、という意味で、期待権侵害論は、診療契約の本質につながる議論」であると指摘する。

治療中止における自己決定権の機能について

山本紘之

一　はじめに
二　狭義の治療義務の限界の射程
三　自己決定権と治療義務の限界の関連
四　おわりに

一　はじめに

治療行為の中止に際しては、患者の自己決定と医師の治療義務の限界の両者が相まってはじめて刑法上正当化される、と解するのが刑法学説上のもっとも有力な見解と思われる。(1) 調査官解説によれば、最高裁は、両者は独立のものであって治療行為を中止するという患者の（推定的）意思があることに加えて、治療方法が尽きているなど、治療義務が限界に達していることの二つの要件が具備されていなければならないと考えているとされている。(2) ここに言う治療義務の限界は、学説上、患者の意思から独立して客観的に理解されている。(3) 他方、患者が治療を拒否した場合にも医師の治療義務が解除されると解さざるをえないから、(4) 治療義務の限界がつねに客観的に解されるわけではない。そこで本稿では、患者の意思によって義務が解除される場合と区別して、患者の意思を考慮せずに定められる治療義務の限界を狭義の治療義務の限界と呼ぶことにしたい。

ここで、治療行為の中止に関する第一の問題が生じる。すなわち、治療行為の中止の正当化根拠の一つに狭義の治療義務の限界を挙げるとして、それはどのような場面で認めることができるのかという点である。以下では、日独のガイドライン等を参考にしてこの点について検討を加えるが、結論を先に述べると、きわめて限定的だと解さざるをえず、いわゆる過度な延命治療という事態を広く招くことになりかねない。

そこから、第二の問題が生じる。すなわち、患者の自己決定権も考慮した上で治療義務の限界を論じるとして（以下、本稿ではこれを広義の治療義務の限界と呼ぶ）、この二つの要素はどのような関係に立つのか、という問題である。

かりにこの二つを総合的に判断するということであれば、判断過程を明確化する必要がある。自己決定権という概念には不明確性がつきまとい、現場にとっては「恐ろしくて使えない」[5]とすら言いうるからである。

そこで本稿では、第二の点を、患者の事前指示書等が残されていなかったために意思の推定がきわめて困難な状況において胃ろうによる人工的栄養補給の継続が問題となった、近時のドイツの民事裁判例とそれをめぐる議論を手がかりとして、広義の治療義務の限界において患者の自己決定権が果たすべき役割を明らかにしたい。それによって、治療中止の法的正当化のための判断枠組みを提示することが、本稿の目的である。刑法上の違法性の峻厳さにかんがみれば、民事上適法とされる行為は刑事上も適法とされるべきであるから、民事の議論も刑事上の問題を検討する手がかりにできよう。わが国におけるガイドラインが望ましい医療の形を示しつつも刑法上の免責を明示しないのは、両者が事実上一致することを示しているからであり[6]、少なくとも判断枠組みに関しては、民事刑事に径庭はないと思われるからである。

二　狭義の治療義務の限界の射程

まず、第一の問題点である、どのような場合に狭義の治療義務の限界に至ったと言えるのかを検討したい。以下に示すように、ドイツの制度は、患者の意思と医師の役割を明確に整理している上、具体的な事態を想定したものであり、比較対象として有益であるため、まずはこれを概観し、その上でわが国の動向と比較したい。

1　ドイツの制度

ドイツの制度の第一の特徴は、治療中止に関するルールを民法典という法律レベルで定めているということである。さらなる具体的要件は、医師会などによるガイドラインが担っている。[7] 中心的な視座となっているのは自己決定権であるが、[8] 当然ながら医学的適応性などの客観的要素も判断要素とされており、両者の役割の整理という本稿の問題意識とも合致するものである。もっとも、そうしたドイツの法制度はわが国でも広く紹介されているので、[9] ここでは本稿と関連する限度で法制度を概観しておきたい。

ドイツにおいては、二〇〇九年に世話法（民法世話編）が改正され、事前指示書に関する規定が定められた。ドイツ民法は、まず一九〇一条aが、成人は同意能力を喪失した場合に備えて、治療の同意に関する事前指示書を作成することができる旨を定め、その内容が患者の現在の状態と合致するときは、世話人は患者の意思を実現させなければならないとして、事前指示書の法的効力を認める。また、指示書の効力は、終末期に限らず、疾病の種類および段階に関わりなく認められている（同条三項）。この点、終末期以外の場合は限定的に解すべきとの懸念も示されていたが、近時の判例は文字通り終末期に限定されない旨を明らかにしている。[10] さらに、治療医は、どの措置が患者の状態等にかんがみて適応するかを検討した上で、その措置が患者の意思に合致しているかを、世話人とともに吟味しなければならないとされる（一九〇一条b）。

このような法改正を受けて、ドイツ連邦医師会は臨死介助のための連邦医師会指針を二〇一一年に改め、医学的な看取りのための連邦医師会原則を公表している。[11] そこでは、前記の法規定に沿って患者の意思を探知することの必要性が説かれているほか、死に瀕している者に対しては、人間の尊厳に適った死に方ができるように援助すべき旨が定められている一方で、栄養補給および水分補給がつねにこれに属するとは限らないとしている。後述するように、胃ろうの継続が問題となった近時の裁判例との関連で、胃ろうの継続を違法とする余地を指摘する見解があることも、そうした思考を考慮すれば、頷けよう。

近時は、集中・救急医療に関する学際連盟（Deutschen Interdisziplinären Vereinigung für Intensiv- und Notfallmedizin）から「集中治療の有意義性の限界について」[12]と題する見解が表明された（以下、単に見解と呼ぶ）。これは、同連名の倫理部会によって作成されたものであり、医療従事者はもちろん、医事（刑）法学者もその部会に参加している。[13]民法一九〇一条bによれば、医療行為の医学的有意義性は医師が判断すべきであるところ、見解は、医学的適応性の判断はもっぱら医師の任務であることを確認し、患者の意思のみによって治療が決定されるわけではないことを導き、もって救急・集中医療という領域における医師の裁量を明らかにしようとする目的で作成されたものである。[14]同見解が示す治療目標を軸とする視点は、終末期医療における集中医療の継続の適否においても採り入れられており、汎用性の高いものと思われる。第一の問題点を検討する手がかりとして適切と思われ、以下、詳細に紹介したい。[15]

2　見解の概要

見解は、まず、「1序文」として、同見解を公表するに至った経緯を以下のように述べる。すなわち、第一に、集中治療は人の生命を救うものではあるが、他方、延命がＱＯＬを大幅に低下させるなどの事態ももたらしていることを指摘する。そのため、集中治療が有意義であるかという問いが持ち上がるとするのである。有意義と判断される措置だけが継続されるべきであり、同見解は、その有意義性を判断するための一助として公表されたとされている。ここに言う有意義性とは、無益性[16]（futility）とは異なる概念だとされる。無益性という概念は、経済的考慮と結びつきやすいと思われるところ、そのような考慮を排斥すべく有意義性という概念が用いられているのである。

次いで、「2基礎」として、「2・1集中治療の役割」および「2・2有意義性／無意義性」が述べられる。「2・1集中治療の役割」において、集中治療の目的とは、患者が集中治療によらずに生活できるようにすることであり、「2・2有意義性／無意義性」において、有意義性の問題は客観的に明らかにされるべきものではなく、生死や苦痛に対する評価といった主観的評価も考慮する必要があるとされる（傍点筆者）。有意義性の判断にあっては、合目的性と価値合理性の二つの要素を別個独立に検討する必要がある。合目的性とは、ある措置が、一定の目的を達成しうる場合に認めることができ、これは客観的に判断される。これに対して、価値合理性は、個々の人間像や倫理に深く根差したものである。この二つの要素を充たしている場合に、措置の意義が認められるとされるのである。この判断は、医師の視点からの判断と、患者の視点からのそれは異なりうるから、以下のように判断する必要がある。まず医師が、後掲「3・1」の基準にしたがって有意義性の判断を行い、そこから治療の選択肢を提示する。医師が有意義性なしと判断した場合、適応はなく、当該措置は患者に提示されてはならない。これは、無意味な治療から患者を保護するためである。次いで患者が、患者の視点から、その選択肢の有意義性の判断を行う（後掲「3・2」）。

有意義性は、以下のように判断される（「3無意義性の基準」）。見解は、治療の有意義性を判断することはときとして困難である一方、無意義性の判断は容易だとして、無意義性の基準を以下のように明らかにする。無意義性を検討するにあたっては、①追求される治療目標は、専門的観点からみて達成可能であるか、②その治療目標は患者が望むものか、③治療の際の負担は、達成されうるＱＯＬに比して正当化されうるか、が明らかにされなければならないとされる。治療が無意義とされるのは、(a)追求されるべき治療目標が達成不可能な場合、(b)その治療目標が患者の意思に合致しない場合、(c)それによって達成可能なＱＯＬが、患者の観点から、負担を正当化しえない場合である。

このような基本的視座から、まず、医師の観点からの判断がなされる（「３・１専門的視点」）。第一に、治療目標が問題となる（「３・１・１治療目標」）。治療目標とは、たとえば治癒、延命、ＱＯＬの改善など、当該治療によって達成されるべき結果のことを言う。もし治療目標がある治療によって達成不可能であれば、当該治療は無意義とされる。達成がきわめて低い確率によってしか達成されない場合は、無意義ではないが疑わしいと判断され、医師はその有意義性を批判的に、すべての関与者に説明しなければならない。

治療目標の有意義性を測るには、このように予後を判断する必要がある。予後判断においては、病状の不可逆性が大きな意義を持つ。この不可逆性とは、客観的な事実ではなく、個人的な評価も含む評価だとされる。それゆえにチームであたることが重要だとされている。また、個々の患者の正確な成り行きを予言することは不可能であるから、一定の不確実性を伴うことを含めて合意する必要があるとされ（「３・１・２予後」）、この点は、現場では特に留意すべき点の一つとして挙げられている（「４・１不確実性の中での判断」）。

有意義とされた治療であっても、患者の（推定的）意思に合致していなければ実施されてはならない（「３・１・

3患者の意思」）。

ＱＯＬの判断は治療チームによってなされるが、それが以後の治療の無意義性判断の基礎となってはならず、その判断はもっぱら患者が行うものであるとされる（「3・1・4ＱＯＬおよび負担」）。

患者の観点からの判断は、以下のようになされる（「3・2患者の視点」）。治療目標が達成されるか否かは、専門家の役割である一方で、それを追求すべきかどうかを判断するのは患者であり、患者や法定代理人が治療目標を定められるよう、医療上の助言が必要だとされる。（「3・2・1治療目標」）。

予後の予測に関する情報も、患者または代理人に伝えられなければならない。その評価が、患者側の役割であるとする。成功の見込みが薄い場合でも、患者が望みを託す場合もありうるから、重要なのは結果の蓋然性ではなくて、ポジティブな出口に至る可能性であるとされる。もちろん、ここに言う望みと単なる楽観主義とは区別されるべきである（「3・2・2予後」）。

その上で、患者の自己決定権は重要なものであるとして、患者の意思が問題となる。もっとも、患者の意思はつねに一様ではなく、経過によって変わりうる。そのため、治療チームによる助言と援助が必要だとされ、たとえば患者の事前指示書と手術直前になされた意思表明が食い違うといった場合には、その矛盾は可能な限り解明されなければならない、とされる（「3・2・3患者の意思」）。

ＱＯＬに関しては、ＷＨＯも明らかにするように、本人の主観的判断である。もっともそれは、現実の状況に対してだけである、とされる。たとえば、車椅子を用いる生活がある健常者にとって受け入れがたいものであったとしても、その者が現実にそうした状況に至った際、生きるに値すると考えることはありうる、とされている（「3・

2・4QOL／負担」）。

また、十分な確実性をもって予後の予測ができない場合において、ひょっとしたら意義があるかもしれない治療を行うことは許される、とされる（「3・3治療の試み」）。

見解はさらに、実践にあたっての留意事項を以下のように敷衍する。治療が奏功する蓋然性がきわめて低い場合、それだけで適応が否定されることにはならないが、疑問視されるべきだとする。こうした場合は、治療チーム内で合意を得ること、患者側との対話が重要だとされる（「4・2奏功する蓋然性が低い場合」）。

他方、見解は、延命がほとんど見込まれない場合にあっては、治療目標を集中的ケアに切り替えるべきだとする。この場合も、患者側の同意を得ることが望ましいが、法的には必要ではないとされる。というのは、医療的措置が無意義であるか、不可能となった場合は、自己決定権が機能する余地がないからであり、これは連邦通常裁判所によっても確認されているところである（BGHZ 154, 205, 224 f. いわゆるリューベック事件[17]）。主治医と患者側の対話は、適応があってはじめて可能なのである（BGB一九〇一条b第一項。「4・3延命がほとんど不可能な場合」[18]）。

医学的観点からは達成可能な治療目標も、患者の価値観によれば支持しがたい場合も存在しうる。そのような、患者の視点からは無意義とされる治療は実施されてはならないとされる。そうした治療を続けることは、刑法上の傷害罪にあたるものだと指摘されている（「4・4患者の視点から治療目標が無意義とされる場合」）。

関係者間で見解の相違が生じることは当然ありうるが、十分な対話、場合によっては倫理委員会などの助力を得ることの必要性も指摘されている（「4・5衝突状況における取り扱い」）。

見解は最後に、たとえば治療チームについては、「患者がそうした状況で延命を望むことが本当にありうるかを治療チームで検討してみる」とか、患者側代理人や親族との関連については、「何を自分のために望んでおり、何を患者のために望んでいるかを問う」など、を判断の手助けとなるべき視点を挙げ、それらの検討は文書化すべきだとしている（「5 判断の補助」）。

3　わが国との比較

もちろん、わが国においても多くのガイドラインが公表されている。[19]「しかしながら、そうした『文書』を一瞥しただけでは、法的・倫理的トレーニングを受けていないと『抽象的すぎてよくわからない』という事態が起こっている」[20]、「具体的な要件が示されなければ、どのような場合に治療行為を中止でき、どのような場合に中止できないのか、現場では安心して判断することができない」[21]などの指摘は看過すべきでない。

右の見解は、少なくとも第一義的には集中・救急医療を想定したものであるから、わが国でそれに相応するガイドラインは、日本集中治療医学会、日本救急医学会、日本循環器学会から公表された「救急・集中治療における終末期医療に関するガイドライン――三学会からの提言」であろう。[22]同ガイドラインは第一に、患者の意思に沿った選択をすること、第二に、患者の意思が不明な場合は患者家族などの思いに配慮した患者にとって最善と考えられる選択が優先される旨を述べているが（2 考え方の筋道）、医学的適応性と患者の意思の関係が明らかではないうらみがある。さらに、平成三〇年三月には、厚生労働省のガイドラインが改訂され、[23]本人の意思の変化がありうることや、介護施設・在宅の場合もありうることが考慮されることとなったが、[24]「本人による意思決定を基本としたうえで」（1①）、「人生の最終段階における医療・ケアについて」は、「医学的妥当性と適切性を基に慎重に判断すべきである」（1②）とされている。本人の意思決定が医学的妥当性と一致する場合は問題なかろうが、不一致が生じた場合はどうすべきかは明白ではない。この限りにおいては、右の指摘は今もなお傾聴すべき点があろう。

こうしてみると、先述の見解は、わが国のガイドラインに比してより具体的な方針を示すものと評すべきである。これを敷衍すると、以下の通りである。

先述の見解は、専門的視点と患者の視点を区別し、それぞれにおいて考慮されるべき要素を挙げている。もちろん、わが国の議論においては、コミュニケーションの重要性は繰り返し説かれている一方[25]、ドイツでリューベック事件が示したように、患者が望めば適応のない治療を実施してよいわけではなく、コミュニケーションを重ねて患者側の同意を得ることは重要であるが、それがすべてではない。すなわち、患者の同意以外の要素も考慮されているにもかかわらず、何を、どのように考慮すべきかが未整理であることから、冒頭に示したような自己決定権に依拠することへの不安を拭うことができないものと思われる。

この点、先述の見解は、①治療目標を考慮するにあたっては患者の意思を考慮する必要があることを明示する一方、②医療的措置が無意義であるか、不可能となった場合は、自己決定権が機能する余地がないことを確認しており、自己決定権の機能と限界を明確に言語化したという点で、わが国の議論にも裨益するところが大きい。

また、わが国の議論は、ガイドラインの名称が示すように、終末期段階に集中しているところ、ドイツの制度は、終末期に限定されていない（一九〇一条a第三項参照）。わが国においても、特に慢性疾患の場合は終末期を具体的な期間でもって定義づけることを不適切とする見解があることにかんがみれば[26]、この点も参考にすべきであろう。

4　狭義の治療義務の限界について

このように見てくると、先述②のように、患者の意思を考慮するまでもなく治療義務が解除されるという、狭義の治療義務の限界という事例群はたしかに存在する。しかし、たとえば、抗がん剤の奏効率が五％という場合でも、患者の立場からすれば「五％もある」という価値判断となることがありえ、それを軽視すべきではないという指摘[27]からも明らかなように、無意義な医療的措置しか採りえないという事態は、現実にはそう多くはないであろう。[28]さらに、その治療法が有効であるかどうかを確認するという、いわゆるtrial therapyまでも考慮すると[29]、医療的措置が無意義であるという事態はさらに限定されることとなる。先述の見解が、無意義性を判断するにあたり、有意義性の問題は客観的に明らかにされるべきものではなく、生死や苦痛に対する評価といった主観的評価も考慮する必要がある（傍点筆者）としていたことも、ここでは想起されるべきである。リューベック事件が示した、医療的措置が無意義な場合とは、そのような主観的評価が入る余地がないほどの場合であって、そのような事案は現実にはそう多くはないと思われる。現に、同事件の事実関係も、患者が生命維持措置を拒否する旨の指示書を残していたというものであり、狭義の治療義務の限界にあたるとされた事案ではない。

ところで、先述の見解が対比として挙げていた、「医学的無益性」の概念によって狭義の治療義務の限界論を援用することは可能であろうか。そもそもこの概念は早期安楽死で用いられることが多く[30]、終末期医療にこの概念を持ち込むことに異論もありうるかもしれない。その点を措くとしても、「医学的無益とは、無益であるにもかかわらず患者の要請に応じて治療を継続することが、医療従事者としてのインテグリティを毀損するといわざるをえないような事態においてのみ、はじめて有効となる概念であろう」[31]とされていることからすれば、現実の適用範囲はそう広くはなく、そのような場合でなければ治療中止が正当化されないとすれば、患者が望まない医療が続くという自己決定権を軽視する事態が広く残ることとなってしまおう。[32]

このように見てくると、終末期医療において医学的無益性という概念を用いるとしても、多くの場合は治療目標などを考慮する必要があり、患者の意思と無関係ではありえない。[33]したがって、治療中止に関する多くの事例群においては、患者の意思を考慮せざるをえず、「『治療義務の限界モデル』は、それ自体は単独で『解決モデル』にはなりにくく、『自己決定モデル』を補完するモデルとして考えることを意味している、と言えよう」[34]という指摘は、正に正鵠を射たものである。

なお、この関連で、患者の意思に反する治療や生命維持のための措置が可罰性を有するかについて付言しておきたい。というのは、自己決定権を重視すると、患者の意思に反する治療等が可罰性を有することとなるが、それが不自然であるとされる点が、自己決定権を重視する見解への疑問にもつながっているからである。先述の見解は「4・4患者の視点から治療目標が無意義とされる場合」において傷害罪の可罰性を指摘する一方で、[35]わが国においては、そうした結論の妥当性に疑問が向けられている。[36]

先の見解が示すように、患者の意思に反する治療等が可罰性を有することは、ありえないことではない。しかし、結論を先に述べれば、自己決定権を重視したとしても、患者の意思に反したからといって直ちに可罰性が認められるわけではなく、不合理な結論になることはない。というのは、かりに治療行為が刑法上の傷害罪の構成要件に該当すると考えたとしても、それは、身体の内部・外部器官の罹病、骨折、アキレス腱断裂、創傷、感染症や血腫、酩酊状態または昏睡状態に陥らせること、ＨＩＶに感染させること、レントゲン照射による組織細胞の破壊等などであって、傷害罪の可罰性に見合ったものに限られる。(37) 先述の見解が可罰性を示唆するのも、患者の意思に反した治療行為等によってそれらの「傷害」結果が生じた場合に限るのであって、患者の自己決定権の侵害それのみによって可罰性を認めるという趣旨に解すべきではない。

ここにきて、冒頭に指摘した第二の問題が生じる。すなわち、いわば主観的な自己決定権と、客観的な治療義務の限界はどのような関係に立つのか、という点である。先述の見解は、その判断枠組みを示すものであるが、それでもなお、判断の相違は依然として残る。なるほどたしかに、人工呼吸器の取り外しのようにわが国も含めて一定の事案の集積が見られる類型に関しては、それらを通じて判断を画一化することが不可能ではない。他方、そのような措置の中止だけでなく、患者の意思に反した措置を継続することも問題の一つであるところ、そうした問題が顕在化した事案は、これまで見られなかった。

以下で検討するドイツの裁判例(38)は、胃ろうによる措置の継続の適法性が問われた貴重なケースである。もちろん、措置の継続が問われる事案であっても、判断枠組みは中止と同一である。それでもなお結論の一致が見られないのは、従来の判断枠組みの不十分さを示すものである。以下では、ドイツの裁判例とそれをめぐる議論を素材として、あるべき判断枠組みの具体化を図りたい。

三　自己決定権と治療義務の限界の関連

1　検討素材――措置の継続の適法性について

本事案は、認知症患者に対する胃ろうによる措置の継続の適法性が問われた民事裁判例であるが、患者の状況は以下の通りである。患者は、一九二九年生まれで、遅くとも二〇〇三年から認知症に罹患していた。二〇〇六年から介護施設で生活していたが、ほどなく胃ろうが設置された。二〇一〇年から肺炎や肝炎を繰り返し発症し、その後、予後不良のため集中治療は断念され、二〇一一年一一月に肺炎で死亡している。なお、患者本人は、二〇〇八年以降は言語障害のため意思疎通が不可能となっていた上、事前指示書も残しておらず、その他意思の推定の根拠となるものも残していなかった。

こうした中で、患者の息子が原告として、胃ろうの設置に同意したことはない、二〇一〇年以降はもはや胃ろうは適応外であり、患者の苦痛を長引かせるだけであったなどと主張して、診療契約に基づく義務違反があったとして、慰謝料を請求した（ドイツ民法六一一条および二八〇条）。被告はこれに対して、胃ろうの適応はあり、原告の意思にも基づいているなどと主張している。

これに対してミュンヘン地方裁判所は、以下のように述べて原告の請求を棄却した。

基本的な視点となるのは、医師は、患者に医学上承認された水準の治療を提供する義務を負うということだとする。他方、胃ろうによる栄養補給も、患者の身体への侵襲であり、医学的適応性があり、患者の意思に合致しなければ正当化されないとする。ドイツ民法一九〇一条b第一項および一九〇四条二項が示すように、承諾は適応が認められてはじめて問題になる、と言うのである。そのため、生命の維持が単に苦痛を長らえるだけの場合は、適応が否定されることがある。その上で、適応にとって決定的なことは、どの治療目標が追求されるかである。治療目標の確定のためには、そもそもどの目標が達成可能なのかを明らかにする必要がある。そうすることによってようやく、治療目標の確定と患者の意思から導かれる措置を問題にすることができる、とした（傍線筆者）。

これに基づいて本件を検討し、二〇一〇年初頭以降は、胃ろうなどの人工的栄養補給によって達成される治療目標は認めがたいとされた。他方、胃ろうを用いることによって、胃ろう以外の人工的栄養補給による肺炎などの合併症の発症を避けることができたことも考慮すべきであるとして、被告は胃ろうによる措置を中止する義務はない、と地裁は述べる。たしかに、死期が切迫しており治療目標も存しない場合に生命維持措置を中断することは許されるとした判例はあるが、だからといって中断が義務づけられるわけではない、と言うのである。二〇〇九年に一九〇一条a以降に導入された新しい世話法によれば、主治医は、適応を常に検討し、世話人とともにその継続を討議する義務を負うとする。これに照らしても、被告が胃ろうによる栄養補給を中止しなかったことは過誤とはならない、とされた。

しかし、他方では、一九〇一条b第一項から生じる、治療状況を医療水準に照らして検討する義務の違反はある。主治医は、二〇一〇年初頭から、生命維持以上の治療目標はもはや達成できなくなったことを世話人に伝え、胃ろうを継続するか否かを検討しなければならなかった。もっとも、世話人と討議が行われたとして、胃ろうによる栄養補給が中止されたか否かは、証拠上明らかになっていないとされた。

本件では患者の事前指示書もなく、推定的意思を探知することも不可能であり、このような場合は、生命という法益の重要性にかんがみ、生命の保護を優先させるべきというのが立法者意思である（BT-Drs. 16/8442, S. 16）、とされ、そのため、原告は、胃ろうが中断されていたはずだという点についての証明を果たせていないとされ、原告の請求が棄却された、という事案である。

本件はこのように、患者の意思を探知することが不可能な状況において、胃ろうによって合併症の発症を避けることができるという客観的な利益を考慮して、胃ろうを取り外す義務はないとした。客観的な観点から治療（生命維持措置）の中止を判断したと評しえよう。

2　批判的評釈

このようなミュンヘン地裁の判断は、一見すると正当であるように思われる。同地裁が示した判断枠組みは、第一に適応の有無をプロフェッションの立場から判断し、適応ある措置が患者の意思に合致するかを検討するというものであるが、大方の賛同を得られるように見える。わが国においても、客観的な治療義務の限界とは、医学的適応性が欠如するに至ったことを意味し、その場合に治療中止について患者の同意があれば中止が正当化されると説かれているからである[39]。

他方、本判決に対しては、すでに批判的な評釈が公表されている[40]。地裁の立場と評釈の見解の相違は、治療の中止の場面において、適応などの客観的な要素と、患者の意思の役割を整理するにあたって有益と思われるため、次に評釈を概観したい。

まず、ミュンヘン地方裁判所の立場を確認したい。同地裁は、第一に医学的適応性を検討し、適応ある侵襲が患者の意思に沿っているかを検討する、としている。この際、適応にとって決定的なことは、どの治療目標が追求されるかである。治療目標の確定のためには、そもそもどの目標が達成可能なのかを明らかにする必要がある、とも述べる（傍線筆者）。

評者が批判的に見るのは、この部分である。すなわち、これは論理が逆であり、結論としても、「疑わしきは生命の利益に」という思考に至っており、患者の自己決定権を尊重できなくなっている、とするのである。(41) これを敷衍すると、以下のようになる。

なるほどたしかに、医学的適応性のない侵襲は、最初から違法であって、この点は評者と地裁の間に径庭はない。他方、医療上の措置は、その有効性に照らして、「有意義」、「疑問が残る」場合（この場合は、先の見解「3・1・1」が述べるように、慎重な検討が要求される）のほか、「無意義」、「見込みがない」または「有害」なものに分類されうる。後三者に分類される場合は、治療方法を直ちに変更しなければならない。評者はこのように、先述の見解を参照しつつ議論の前提を確認する。(42)

一九〇一条b第一項は、たしかに、医師は適応の有無を検討しなければならないとしている（第一文）。しかしその第二文は、その適応ある医療上の措置が患者の意思に合致しているか、患者の後見人と検討すべき旨も定めている。地裁は、この第二文を等閑視したに等しいと、評者は批判するのである。この第二文の判断においては叙上の無意義性の判断がなされるべきところ、合併症の回避という客観的な面を重視しており、自己決定権を考慮しない

「疑わしきは生命の利益に」という思考に至っていると評者は述べる(43)。

そのため、評者によれば、地裁の事案においては、そもそもどのような治療目標が追求されるべきかという視点から判断されるべきだったとするのである。先述の見解が述べるように、治療目標が達成可能か否かは専門的判断であるが、それを追求すべきか否かを決定するのは、患者側に委ねられるべきものである。適応の判断も、その治療目標を達成できるかどうかという視点でなされるべきだとされる。地裁の誤謬は、適応の判断を治療目標の判断に先行させた点に原因がある、と言うのである。結論において評者は、本件では、胃ろうを通じた人工的栄養補給による延命は可能であるが、望まれていなかったと思われるため、医師が世話人と検討しなかったことは義務違反の疑いが強い、としている(44)。地裁と評者の見解の差異を**表**にまとめると、次のようになる。

表　適応と患者の（推定的）意思の関連について

ミュンヘン地裁の思考枠組み	評者の思考枠組み
①適応 達成可能な治療目標は何か？ どのような治療目標を立てるべきか？	①治療目標 患者は何を目標としているか？ （推定含む）
②患者の意思 適応ある措置が患者の意思に沿っているか？	②適応 目標を達成するために適切な措置は何か？
	③患者の意思 適応ある措置が患者の意思に沿っているか？

いずれの見解も、医学的適応性と患者の意思を考慮している。しかし、どのように組み合わせるかという点では径庭があり、地裁の判決と評者の結論が異なることからも明らかなように、その径庭は結論の差異に通ずるものである。

3　検討

それでは、どのように考えるべきであろうか。結論としては、評者の見解が正鵠を射ていると思われる。

評者が問題視したのは、治療目標の確定のためには、そもそもどの目的が達成可能なのかを明らかにする必要がある、とした点であった。地裁はその上で、一方においては「胃ろうなどの人工的栄養補給によって達成される治療目標は認めがたい」としつつ、他方において、「胃ろうを用いることによって、胃ろう以外の人工的栄養補給によって肺炎などの合併症の発症を避けることができたことも考慮すべきであるとして、被告は胃ろうによる措置を中止する義務はない」とした。この点を捉えて、地裁は、適応がないという状態を妥協的に回避したと評されている。[(45)]すなわち、地裁は、第一に達成可能な治療目標を明らかにするという思考枠組みに依り、胃ろうの継続によって合併症を回避するという治療目標は達成することが可能であるから、それを追求すべきだとしたのである。しかし、そうした治療目標を追求すべきかどうかを、家族を交えて患者の意思を推測しつつ、より慎重に検討する必要があったと思われる。この点が、地裁の見解の問題点であり、評者が批判する点であった。

なるほどたしかに、当該措置のほかに選択肢が存在しない場合は、適応を考慮すれば、事実上は足りることが多いであろう。この場合においても患者の意思は問題となるが、明示の承諾はないとしても、推定的承諾はあると考えられるからである。[46]

しかし、治療中止の場面においては、生死に直結することが多いため、すでに指摘されているように[47]、患者の意思を特に慎重に検討する必要がある。これは、先述の見解が、その「3・1・1治療目標」において、治療が奏功する見込みが低い（「疑わしい」と表現される）場合、医師は批判的に説明しなければならないとしていることとも一致する。実際に、認知症患者に対する胃ろうについては、たしかに完全に一致した見解はないように思われるが、予後がポジティブな場合でなければ[48]、好意的に解されることは少ない。わが国においては、「認知症末期においては、胃ろうを含めた経管栄養法には患者本人に対する臨床的な利益はない。経口摂取が可能なうちに胃ろうを施行することによって生存期間が延長することがあるとしても、そうやって延長された生存期間にどのような価値を見出すか、それを判断するのは、やはり本人とその家族ではないだろうか」（傍点筆者）と述べるものがある。[49] さらに、従来、認知症患者の承諾能力は否定的に解されてきたのに対し、近時は肯定的に理解されるようになっていることも引きあいに出すことができよう。[50] これらにかんがみれば、栄養等の補給が意味をなさない場合は生命維持措置を差し控えてもよいとする指摘も頷けよう。[51] また、「患者の呑み込み障害が進行している場合に、栄養不良、体重減少、肺炎を避けるためにＡＮＨ（人工的栄養・水分補給――筆者注）を導入することは、その患者に利益よりも負担をもたらしがちであることが示されている」[52]とするものもある。[53]

このように見てくると、家族と協議したとしても胃ろうによる措置を継続したであろうとした地裁の判断に、疑義なしとはできない。なるほどたしかに、「ＡＮＨ以外にとりうる選択肢について情報が提供されていなかった場合、代理決定者は、ＡＮＨを施されていない患者は『ケア』されていないと理解するかもしれない」[54]。しかし、「彼らはＡＮＨを比較的健康な患者の栄養不良と体重減少を避けるために必要なものと考えるため、そのような患者と、重篤な患者や死にゆく患者が必要とするものとの区別ができていないのである」[55]という指摘は、真摯に受け止めるべきである。そのような情報も家族に伝えた上で、患者本人の価値観を家族から聞き取り、その上で家族と協議していれば、胃ろうは取り外された可能性が高いと考えるべきであろう。これは、あくまでも患者の価値観から患者本人の意思を推測するという、自己決定権のアプローチである。患者本人の価値観等も不明な場合であれば、たしかに最終的には客観的な判断をせざるをえない。その場合においてはじめて「疑わしきは生命の利益に」[56]と考えるべきであって、地裁の思考方法が安易に客観的な思考に至っているという批判は、的を射たものである[57]。

4　まとめ

これらの検討を踏まえて、判断枠組みを一般化したい。

先述の地裁判例も含めて、医学的適応性が重要である点においては見解の一致がある。しかし、冒頭に示したように、それと患者の自己決定権との関連が明確でない点に、現在のうらみがある。

地裁は、Ａ・まず医学的適応性を判断し、その内部において、ａ・達成可能な治療目標は何かを定めてから、ｂ・治療目標を確定し、Ｂ・それが患者の意思に合致するか、という思考方式を採っていた。これは一見すると医学的な視点と患者の自己決定権を両立させているように思えるが、事案の検討から明らかなように、結論としては自己決定権を尊重できない事態に陥っていた。Ａａの段階で、選択肢を絞っている点に原因があったように思われる。

そのようにして、「ＡＮＨ以外にとりうる選択肢について情報が提供されていなかった場合、代理決定者は、ＡＮ

Hを施されていない患者は『ケア』されていないと理解するかもしれない」[58]が、その他の選択肢を最初から排除しないことも重要であろう。もちろん、過少医療に陥ることも避けなければならない。そこで、あるべき思考枠組みとしては、α・まずは治療目標を決定する必要がある。これを決定する際に、事前指示書を含む明示的な患者の意思があればそれを考慮し、それがない場合は、患者の家族等の身近な者から患者の価値観等を聞いた上で、患者の意思を推測することが必要である。その上で、β・その治療目標を達成するに相応しい治療方法を選び出す。医学的適応性という判断は、ここで用いられるべきである。γ・その上で、改めて患者の意思を持ち出し、患者の意思に沿う措置を実施することとなろう。この考え方に立った場合は、先ほどの胃ろうをめぐる事案においては、追求すべき点が（合併症を回避することから生じる）延命なのか、自然な死なのかなどを判断し、後者であれば、胃ろうはそれに適した手段ではなく、身体への侵襲であるから、取り外すという選択が採られることとなろう。

このように、治療目標について合意することの重要性は、「医学的無益性」という観点からも主張されており、その重要性は論を俟たない。[59]なるほどたしかに、家族じしんの意思ではなく、家族が患者の意思を推定することは、現実にはそう容易ではなかろう。[60]しかし、重要なことはそれゆえに「疑わしきは生命の利益に」といった客観的なモデルに移行することではなくて、いかに家族をサポートしつつ、患者の意思に沿った措置を提供できる態勢を整えるか、という点である。[61]

四　おわりに

これまでの検討から、以下の点が明らかとなった。第一に、狭義の治療義務の限界論によって治療中止を正当化しうる事例はきわめて少ないということである（先述「二4」）。冒頭に示したように、わが国の一般的な見解は、患者の自己決定と医師の治療義務の限界という二つの要素が相まってはじめて治療中止が正当化されると考えている。これは一見すると、狭義の治療義務の限界という段階にあり、かつ、患者が治療の中止を求めているという場合にあって治療中止が正当化されるという意味に捉えることができる。そのような正当化を否定する理由はないが、そのような場合しか正当化されないと考えるとなれば、先述のような看過しがたい自己決定権の侵害に至ることとなる。

これを踏まえると、患者の自己決定権と医師の治療義務の限界の関連という冒頭に示した第二の問題は、以下のように解されよう。両者は正に文字通り相まって正当化の効果をもたらすものであるが、患者の意思や医学的正当性を総合的に考察して判断するというものではない。そうではなくて、患者の意思を考慮して治療目標を定め、その目標達成にとって医学的に正当な措置を選び、その措置を施すことが患者の意思に反していないかを判断するという枠組みが適当である（先述「三4」）。このように考えることによって、医師のプロフェッションとしての役割と、患者の意思のそれが明確に区別されよう。[62]

（1）町野朔「患者の自己決定権と医師の治療義務——川崎協同病院事件控訴審判決を契機として」刑事法ジャーナル八号（二〇〇七年）五一頁は、両者を「患者の最善の利益」の観点で統合すべきだとする。

（2）入江猛「最判解」『最高裁判所判例解説刑事篇 平成二一年度』（法曹会、二〇一三年）五八〇頁以下。また、樋上慎二「終末期医療についての実務上の問題」刑法雑誌五六巻一号（二〇一七年）五八頁以下も、患者本人の意思と治療義務の医学的限界の両方を要求する。

（3）横山美帆「終末期医療における治療差控え・中止を適法とする法的枠組再考」慶應法学三九号（二〇一八年）一八二頁以下は、それを「客観的な治療義務の限界」と名づけて、そのような場面がありうる旨を説く。

（4）井田良「生命維持治療の限界と刑法」法曹時報五一巻二号（一九九九年）一五頁以下、甲斐克則『終末期医療と刑法』（成文堂、二〇一七年）二三頁など。他方、そのような思考は自殺関与罪との矛盾を解消できないとするものとして、辰井聡子「治療不開始／治療中止の刑法的評価——『治療行為』としての正当化の試み」明治学院大学法学研究八六号（二〇〇九年）一〇〇頁注（三〇）。治療行為の中止と自殺関与罪の関連についての私見は、山本紘之「治療中止の不可罰性の根拠について」大東法学二三巻一号（二〇一三年）九七頁以下を参照。

（5）山口厚ほか「座談会 終末期医療と刑法」ジュリスト一三七七号（二〇〇九年）一〇一頁〔原田國男発言〕。これは、辰井・前掲注（4）五九頁の問題提起を受けてのものである。

（6）この点につき、樋口範雄『続・医療と法を考える——終末期医療ガイドライン』（有斐閣、二〇〇八年）一〇二頁以下も参照。

（7）法律で概要を定め、ガイドラインによって具体化を図るという方式は、スイスでも見られる手法である。Vgl. *Tag*, Strafrecht am Ende des Lebens – Sterbehilfe und Hilfe zum Suizid in der Schweiz, ZStW 128 (2016), S. 85 f.

（8）それゆえ、甲斐・前掲注（4）二三五頁は、ドイツは自己決定モデルを採用するものと評する。

（9）新谷一郎「世話法の第三次改正法（患者の指示法）」年報医事法学二五号（二〇一〇年）二〇一頁、武藤眞朗「ドイツにおける治療中止」甲斐克則編『終末期医療と医事法』（信山社、二〇一三年）一九〇頁以下。また、ソーニャ・ロートエルメル（只木誠監訳）『承諾、拒否権、共同決定』（中央大学出版部、二〇一四年）三四二頁以下〔山本紘之訳〕も参照。

（10）Vgl. BGHZ 202, 226 (Leitsatz b). 本件の邦訳として、山本紘之「生命維持措置の中止に関する世話裁判所の許可が不要となる要件および覚醒昏睡にある患者の推定的意思を探知するための要件」比較法雑誌五〇巻一号（二〇一六年）二七五頁以下。

（11）すでにこれを紹介するものとして、武藤・前掲注（9）二〇一頁以下。

（12）Grenzen der Sinnhaftigkeit von Intensivmedizin. Positionspapier der Sektion Ethik der DIVI, 2016. なお、同見解は複数の媒体で公表されているが、比較的参照が容易なものとして、MedR 2017, S. 363 ff.

（13）参加した医事（刑）法学者による解説として、*Duttge*, Grenzen der Sinnhaftigkeit von Intensivmedizin. Einführender Kommentar zum Positionspapier der DIVI aus rechtlicher Sicht, MedR 2017, S. 361 ff.

（14）*Duttge*, a.a.O. (Anm. 13), S. 361 f.

（15）また、合衆国におけるものの紹介として、前田正一監訳『ヘイスティングス・センター・ガイドライン――生命維持治療と終末期ケアに関する方針決定』（金芳堂、二〇一六年）がある。

（16）もちろん、土屋貴志「『医学的無益性』の問題点」櫻井浩子＝加藤太喜子＝加部一彦編著『「医学的無益性」の生命倫理』（山代印刷出版部、二〇一六年）一四六頁のように、「『無益だ』との判断それ自体に、医療資源を有効利用しようという《動機》が入り込まないよう注意しなければならない。」とする指摘も存在する。他方、齋藤信也「『医学的無益性』と医療経済」同書九一頁は、「臨床医は、患者に対しては、最大限患者のエージェントとして振る舞うべきであるが、自らに課された、社会のエージェントとしての役割にも自覚的でなければならない」として、医療経済概念の導入を否定しない。

（17）本事件に関する邦語文献として、武藤眞朗「人工的栄養補給の停止と患者の意思――ドイツにおける判例を素材として」東洋法学四九巻一号（二〇〇五年）一二頁以下、アルビン・エーザー（甲斐克則＝三重野雄太郎訳）「近時の判例から見た臨死介助と自殺関与」刑事法ジャーナル三七号（二〇一三年）五八頁以下などがある。

（18）同条同項は、前段において、医師は医療的措置の適応について吟味しなければならないとした上で、後段において、その措置が患者の意思に合致しているかを患者側と検討すべきだとしている。

（19）これらを概観する近時の文献として、林章敏「終末期医療の現状と課題」刑事法ジャーナル三五号（二〇一三年）一一一頁以下、前田正一「終末期医療における患者の意思と医療方針の決定」甲斐編・前掲注（9）一七頁以下、亀井隆太「患者の事前指示書について」千葉大学法学論集三〇巻一・二号（二〇一五年）三七〇頁以下がある。

（20）板井孝壱郎「ベッド・サイドにおける倫理コンサルテーション――いま臨床の現場で何が起こっているのか」櫻井＝加藤＝加部編著・前掲注（16）六頁。
（21）前田監訳・前掲注（15）二一頁。
（22）http://www.jsicm.org/pdf/1guidelines1410.pdf（平成三〇年四月三〇日閲覧）
（23）「人生の最終段階における医療・ケアの決定プロセスに関するガイドライン」http://www.mhlw.go.jp/file/04-Houdouhappyou-10802000-Iseikyoku-Shidouka/0000197701.pdf（平成三〇年四月三〇日閲覧）
（24）人生の最終段階における医療の普及・啓発の在り方に関する検討会「人生の最終段階における医療・ケアの決定プロセスに関するガイドライン　解説編」（平成三〇年三月）一頁。http://www.mhlw.go.jp/file/04-Houdouhappyou-10802000-Iseikyoku-Shidouka/0000197702.pdf（平成三〇年四月三〇日閲覧）
（25）多くに代えて、会田薫子『延命医療と臨床現場――人工呼吸器と胃ろうの医療倫理学』（東京大学出版会、二〇一一年）二一九頁以下。
（26）会田・前掲注（25）二二一頁以下。
（27）板井・前掲注（20）一一頁。
（28）他方、西元加那「『患者の最善の利益論』に関する一考察――Anthony Bland 判決の分析を中心に」現代社会研究一四号（二〇一六年）一三五頁以下は、そのような事態を想定する一助を提供する。
（29）見解「3・3」や、会田・前掲注（25）二二一頁以下など。
（30）加藤太喜子「『医学的無益』に関するこれまでの議論紹介」櫻井＝加藤＝加部編著・前掲注（16）九五頁を参照。
（31）加藤太喜子「『医学的無益』はいかなる場面で有効な概念か――医学的無益再考」生命倫理二一巻一号（二〇一一年）四九頁。
（32）Vgl. BGHZ 202, 226 (Rdn. 18).
（33）箕岡真子「認知症の終末期医療ケア――〝認知症ケアの倫理〟の視点から」甲斐編・前掲注（9）二六七頁以下。
（34）甲斐・前掲注（4）二五二頁。
（35）同旨を主張するものとして、*Engländer*, Von der passiven Sterbehilfe zum Behandlungsabbruch, JZ 2011, S. 518. わが国

における ものとして、秋葉悦子「人格主義的視座への転換」刑法雑誌五六巻一号（二〇一七年）四七頁。
（36）山口ほか・前掲注（5）一〇一頁以下〔原田発言〕。
（37）この点を指摘する近時の文献として、天田悠『治療行為と刑法』（成文堂、二〇一八年）二五八頁。なお、強要罪の可罰性については、なるほどたしかに、患者の意思に反したと言えるならば認めざるをえないであろう。しかしそれは、治療中止という生死に関わる場面での患者の意思は慎重に検討する必要があると思われるところ（これを指摘するものとして、米村滋人『医事法講義』〔日本評論社、二〇一六年〕一九〇頁以下）、現実に患者の明確な意思に反した措置が行われたという場面は、現実には生じにくいのではなかろうか。
（38）LG München I, MedR 2017, 889. なお、脱稿後、同判決を破棄した控訴審判決（OLG München, Urteil vom 21. Dezember 2017-1 U 454/17）に接した。詳細な検討は他日を期したい。
（39）城下裕二「終末期医療をめぐる刑法上の諸問題」刑事法ジャーナル三五号（二〇一三年）一〇八頁以下。
（40）*Duttge*, Anmerkung, MedR 2017, S. 892 ff.
（41）*Duttge*, a.a.O. (Anm. 40), S. 894.
（42）*Duttge*, a.a.O. (Anm. 40), S. 893 f.
（43）*Duttge*, a.a.O. (Anm. 40), S. 894.
（44）*Duttge*, a.a.O. (Anm. 40), S. 894.
（45）*Duttge*, a.a.O. (Anm. 40), S. 894.
（46）町野朔『患者の自己決定権と法』（東京大学出版会、一九八六年）一七五頁以下。他方、辰井・前掲注（4）六一頁は、刑法上の違法性については、医学的正当性のみによって正当化が可能だとする。
（47）米村・前掲注（37）一九〇頁以下。また、医学的適応性が承諾の有効性に影響を与えるとする天田・前掲注（37）四〇六頁以下も、援用することが許されよう。
（48）*Duttge*, a.a.O. (Anm. 40), S. 893.
（49）会田・前掲注（25）一五七頁。

（50）小西知世「残された課題——意思決定を中心に」病院七七巻四号（二〇一八年）三三五頁。さらに、山崎章郎『「在宅ホスピス」という仕組み』（新潮社、二〇一八年）一三四頁以下も参照。
（51）「質疑応答」刑法雑誌五六巻一号（二〇一七年）六二頁。
（52）前田監訳・前掲注（15）二二七頁。
（53）そのため、自発的な飲食中止（ＶＳＥＤ）については、本稿の射程外である。その事象を治療の中止と同視することは不可能ではないが、死を意図している点にかんがみれば異論もありうるところであり（vgl. *Duttge/Simon*, Begleitung beim freiwilligen Verzicht auf Nahrung und Flüssigkeit als (strafbare) Suizidhilfe?, NStZ 2017, S. 513 f.）、他日を期したい。
（54）前田監訳・前掲注（15）二二八頁。わが国における類似の指摘として、山崎・前掲注（50）四六頁。
（55）前田監訳・前掲注（15）二二八頁。
（56）甲斐・前掲注（4）二三四頁も、安易に「疑わしきは生命の利益に」の原則に至ることに警鐘を鳴らす。
（57）遷延性意識障害の状態で意識の回復可能性がほとんどないなど、きわめて限定的な場面において、家族の意思だけで胃ろうを差し控えることが許容される場合がありうる。この点については、甲斐・前掲注（4）二二三頁以下を参照。
（58）前掲注（54）参照。
（59）加藤・前掲注（30）一〇〇頁、野崎亜紀子「『医学的無益』を規範的に考える」櫻井＝加藤＝加部編著・前掲注（16）一二七頁以下。
（60）*Haussener*, Selbstbestimmung am Lebensende, 2017, Rz. 254 f.
（61）*Haussener*, a.a.O. (Anm. 60), Rz. 253 も、同書が検討するスイスの法体系も、自己決定モデルによるものだとする。
（62）*Dutge*, a.a.O. (Anm. 40), S. 894.

法医解剖に由来する人体試料の適正な取扱いに向けて

――遺族からの返還の求め、研究利用との関係について

辻村(伊藤)貴子

一　序
二　法医解剖に由来する試料採取と保存の実態
三　論点の整理
四　考察
五　結語

一　序

生体、死体のいずれの由来であるかを問わず、人体に由来する試料には情報や価値が確定しないこと、「マテリアル」としての取扱いを受けること、といった特性を持つことが指摘されている。[1] 法医学領域では、多くの解剖例において死者の試料が採取されてきた。新規検査法の確立に伴い、過去の試料から新たな情報や知見の積み重ねを経たりすることにより、試料が有する学術的な価値は変化しうる。たとえば、一九九五年に起きた地下鉄サリン事件でお亡くなりになった方々は、大学医学部の法医学教室で司法解剖に付された。当時の鑑定技術では死因の特定は難しい状況だったが、その後当時の鑑定人らが人体中のサリンを分析・検出するための技法を開発し、このことが後々に死者の死因究明につながった。[2] 他方、我が国では過去にヒトの細胞株が個人資産として裁判所に差し押さえられた事例も起きており、[3] 人体試料が財物性を有していることも一つの特性といえるかもしれない。しかし、通常の財物と異なり「かつて本人自身であったもの、あるいはいまでも本人の延長線上にあるものであって、なにほどかの人格性が含まれているか、人格と強く結びついている」[4]という指摘を忘れてはならない。試料そのものがもはや「人」の形をなしていないといえども、生きていた人間に由来していることを忘れてはならず、その取扱いにあたっては最後までふさわしい扱いを考えるべきものである。[5]

病理解剖や法医解剖といった解剖に由来する人体試料は、死者の病態把握や死因ならびに死亡までの機序の解明になくてはならない役割を果たしてきたが、近年その取扱いをめぐって、社会的にフォーカスを浴びる事例や関係者間でのトラブルも散見されつつあり、死者や遺族の視点・立場と、医学関係者の視点・立場との関係を適切に保っていくことが求められる。

本稿では、解剖に由来する人体試料の中でも、主として法医解剖に由来する試料の取扱いに関する実態を基に、問題点を指摘した上であるべき方向性について検討することにする。

二 法医解剖に由来する試料採取と保存の実態

法医解剖とは、異状死体につき検視を行った(6)結果、死者の死因決定や刑事捜査の必要性がある場合、そのほか公衆衛生上の目的から執り行われる解剖である。法医解剖は、犯罪性の有無や根拠となる法規の違いから、さらに①司法解剖、②行政解剖、③承諾解剖、④死因・身元調査法に基づく解剖（いわゆる新法解剖）の四つに分けられる（**表1**参照）。

1 司法解剖

司法解剖は、検視の結果、犯罪死体あるいはその疑いがあると判断された死体について、検察官または警察、海保などの司法警察員が犯罪捜査に必要であると判断した際に、「鑑定嘱託書」に基づいて嘱託を受けた鑑定人が行う解剖である。司法解剖は刑事訴訟法一六八条及び二二九条に基づく強制処分であり、死体解剖保存法七条三項が規定する「第二条第一項第四号に該当する場合」にあたることから、解剖実施に際して遺族の承諾を必要としない。刑事鑑定の一環として行われることから、解剖を執り行う鑑定人と遺族関係者との接触は、公平・中立性の担保と予断

表1　我が国の死因究明にかかる解剖制度、人体試料の保存に関する整理

	解剖の種類	根拠法	解剖の判断	解剖に係る遺族の承諾	解剖施設	解剖に基づく試料の保存（死体解剖保存法）該当条文	保存対象	目的	遺族の承諾	礼意規定
法医解剖	司法解剖	刑事訴訟法	検察官 警察署長	不要	大学法医学教室	一八条（二条・特定者）	死体の一部（解剖後の）	標本として	特段の言及なし 但し、「遺族から引渡要求があったときは、この限りではない」	あり 二〇条
	行政解剖	死体解剖保存法八条 検疫法一三条二項 食品衛生法五九条	監察医 検疫所長 保健所長	不要 不要 五九条一項は必要 同二項は不要	監察医施設 病院病理部／法医学教室	一八条（二条・特定者）	死体の一部（解剖後の）	標本として	特段の言及なし 但し、「遺族から引渡要求があったときは、この限りではない」	あり 二〇条
	承諾解剖	死体解剖保存法七条	医師	要	大学法医学教室（広義の法医解剖として行う場合）	一七条	死体の全部または一部	標本として	遺族の承諾を得て	あり 二〇条
	新法解剖（死因・身元調査法解剖）	死因・身元調査法六条	警察署長	不要	公安委員会指定の施設（大学法医学教室等）	一八条（二条・特定者）	死体の全部（解剖後の）	標本として	特段の言及なし 但し、「遺族から引渡要求があったときは、この限りではない」	あり 死因・身元調査法二条
病理	病理解剖	死体解剖保存法八条	医師	要	病院病理部	一七条	死体の全部または一部	標本として	遺族の承諾を得て	あり 二〇条

排除の必要性から避けられており、[7]通常解剖実施に際して遺族への連絡や説明は所轄警察署の警察官が行っている。[8]高度焼損遺体や白骨化した遺体を除いて、多くの司法解剖体からは鑑定人の判断に基づいて解剖時に死者の諸臓器をはじめ、血液、尿、胃内容物などの試料が採取され、採取された臓器は、ホルマリンで固定される[9]（一臓器まるごとをホルマリン固定する場合もあれば、諸臓器の一部のみをホルマリンで固定することもある。いずれも解剖時の鑑定人の判断による）。採取された小組織片はプレパラート（顕微鏡標本）を作製するためにパラフィンブロックにされ、[10]薄切《はくせつ》後に染色といった加工過程を経てプレパラート標本となった後に、死因の解明ならびに鑑定のために利用される。採取された血液、尿、胃内容物（いずれも採取できる場合、ルーチンとして採取する）は鑑定嘱託項目[11]への応答のため薬毒物検査等に付され、その後は凍結保存される。多くの法医学教室でホルマリン固定臓器や凍結させた血液、尿、胃内容物は一定期間保存されたあと、処分されることが一般的であり、[12]プレパラートやパラフィンブロックは半永久的に保存されている。このように司法解剖時に採取された人体試料は、専門的な見地から加工が加えられた上で、刑事鑑定への応答のために用いられるほか、症例検討などの形で法医学関係者や学生の教育に用いられる。また、一部は他の司法鑑定時に比較のためのコントロール試料として用いられるほか、研究に用いられてきた実態がある。

2　行政解剖

行政解剖は、監察医制度が施行されている地域[13]において、監察医が異状死体を検案した結果、伝染病、中毒又は災害により死亡した疑いのある死体その他死因の明らかでない死体について、死因を明らかにするために行われる。[14]二〇一八年一月現在、東京都二三区、名古屋市、大阪市、神戸市（但し、北区、西区を除く）四地域で施行されている。

同解剖は、死体解剖保存法第八条の規定に基づくものであり、同法七条三号「第二条第一項第三号に該当する場合」に該当することから、遺族の承諾は必要とされない。[15] 食品衛生法五九条に基づく解剖（食中毒が疑われるような場合の解剖）や、検疫法一三条二項に基づく検疫感染症の検査を目的とした解剖も行政解剖のカテゴリーに含まれるが、これらの規定に基づく解剖はこれまでほとんど実施されたことがない。

行政解剖の場合も、それぞれの監察医務機関等において諸臓器を一部採取しホルマリン固定後、プレパラートやパラフィンブロックが作成される（但し、司法解剖のように刑事鑑定を伴わないことから、司法解剖時と比して試料の採取量は少ないことが多い）。一定の保存期間終了後、パラフィンブロックが永久保存される以外、すべての採取試料は処分される。[16]

3　承諾解剖

前述の監察医制度は実質的には東京・大阪・兵庫の一部地域のみでしか実際には機能していない。そこで監察医制度非施行地域では、異状死体を検案した結果、死者の死因を明らかにできないような場合に、死体解剖保存法七条を根拠に遺族の承諾を得た上、大学法医学教室にて「承諾解剖」を行っている。但し、予算の関係から解剖の実施件数はわずかである。[17] 実務上、承諾解剖時の試料採取等は行政解剖の場合とほぼ同様である。

4　死因・身元調査法に基づく解剖（いわゆる「新法解剖」）

死因・身元調査法（「警察等が取り扱う死体の死因又は身元の調査等に関する法律」）の成立を受け、二〇一三年四月一日から同法六条一項に基づき、警察署長の権限において、実質上「犯罪死体あるいは変死体」以外の死体につき、死因及び身元を明らかにすることを目的に解剖を行うことができるようになった[18]。遺族の同意なしに実施することができ、「新法解剖」と呼ばれることが多い[19]（本稿では、以下、死因・身元調査法に基づく解剖のことを、「新法解剖」として表記する）。

司法解剖と異なり鑑定を伴わないが、基本的に執刀医の判断により人体試料を採取している。警察署長から法医学教室教授宛てに発行される「解剖依頼書」に解剖実施後の回答事項が提示されており[20]、基本的に血液・尿・胃内容物は全例で採取されている。保存期間は各教室のスペース等の事情により異なる。

三　論点の整理

1　問題背景――法医学領域における人体試料取扱いの特殊性

本稿は主として法医解剖に由来する試料取扱いに関する実態を基に、目下生じている問題の検討を目的としているが、問題背景として次の三つが挙げられる。

(1)　遺族承諾が法の下で要請されていない

法医学領域で執り行われる解剖は、監察医制度非施行地域で実施される承諾解剖を除き、すべての解剖を法の下で遺族の承諾なく執り行うことができる。したがって、強制処分として行われる司法解剖では、法医学教室での解剖実施に際して遺族から承諾を得ないまま、死者の人体試料が採取され保存されてきた実態がある。[21]前述のとおり、司法解剖前後の遺族への説明等は主として警察官が行っており、[22]警察庁は二〇一四年に全国の警察官に向けて解剖時における臓器の採取及び保存に関する遺族への説明等について要領を定めている。[23]

それによれば、解剖実施前には「死因を明らかにするために、鑑定人が組織検査等の資料として、遺体から臓器等を採取することがある旨を説明し、理解を得ること」、解剖実施後の説明では「鑑定人において組織検査等の資料として臓器等を採取したこと、当該臓器等については、鑑定が終了するなど捜査上の理由等による保存の必要がなくなった場合には、鑑定人において、死者の尊厳に配慮した適切な方法により火葬されると承知している旨を説明し、理解を得ること」、「遺族から保存の必要がなくなった後に臓器等を返還するよう求められた場合は、その旨を記録化し、鑑定人に確実に伝えること」を定めている。しかし、法律上、司法解剖が強制処分という性質を有するため、あくまでも「理解を得る」という表現に留められていることに留意する必要がある。

(2) 試料が様々な性質を有すること

行政解剖や新法解剖時に死者から臓器などの人体試料を一部採取することの直接的な目的は、死者の死因や身元を明らかにするためであるが、司法解剖の場合には目的が異なってくることに注意が必要である。司法解剖は刑事鑑定として実施されることから、鑑定嘱託者に対して「鑑定嘱託書」[24]上の鑑定嘱託項目に応答した鑑定書を鑑定人が提出することをもって一連の鑑定は終了することになる。しかし、その後も刑事裁判で再鑑定が実施される可能性を否定できないことから、採取された試料はその後も解剖を実施した法医学教室において長期保存される。[25]そのほか、鑑定嘱託とは別に並行する形で医学部や看護学部等での学生教育や研究に試料が用いられることもある。したがって、司法解剖に由来する人体試料の長期保存には、刑事（再）鑑定目的での保存と、法医学関連の教育・研究に資することを目的としての保管、という二つの側面を持ち合わせていると指摘することができる。しかし、これらはいずれも重複的に試料にかかっており、両者を厳然と区別することはできない。[26]

(3)　試料取扱いに関する法規定の不明瞭さ、実務上のルールの曖昧さ

死体解剖保存法では一七条から一九条において「標本としての保存」については定めているが、「標本としての保存」以降の行為、すなわち標本を医学研究に利用する場合や、法医学研究者自身が所属先の異動などに伴い他機関に試料を移転させる場合、そして試料を廃棄する場合については定めていない。

また、司法解剖時に死者から採取した人体試料（主として血液のほか、爪や大腿骨などの硬組織）を警察が科捜研（科学捜査研究所）での検査を前提として持ち帰ることがあり、[27]その際に、鑑定人が検死官から「所有権放棄書」「任意提出書」（**図1-1、2**参照）を提示され、提出を求められる場合がある。[28]このエピソードは死者の人体試料に対する関係者の意識が曖昧であることを表しており、学会のガイドラインでも人体試料の取扱いに関して学会としての一定のルールは定められてこなかった。[29]

これらを背景として、次章で述べるように近年問題が先鋭化してきており、法医学領域における人体試料の管理・取扱いに関する問題点の整理と適正な方向性の検討が必要である。

2　問題の所在

(1)　遺族からの試料返還の求めと法医学教室の対応

近年、法医学領域でも解剖時に採取された死者の人体試料をめぐり、遺族から返還の求めを寄せられる例が見受けられるようになった。

二〇一四年四月に、生後二か月の女児に対する司法解剖時に鑑定目的で摘出され、解剖実施大学で保存されていた眼球を、両親の求めに応じて大阪府警が返還を決めたという報道があったほか[30]、筆者らが全国の法医学教室を対象に行った調査[31]によれば、調査回答のあった四八教室中一四教室が解剖に由来する試料に関して遺族から何らかの問い合わせを受けており、そのうち九教室が、法医学教室で保管していた試料の返還を求められていた（うち七教室は遺族の求めに応じて返却し、二教室は保管継続）。

日本法医学会では、これまで法医学領域で解剖時に取り扱う試料に関して、時世に合わせて学会としてのポリシーを定めてきた[32]（**表2**）が、いずれのポリシーにおいても遺族からの返還の求めがあった場合の法医学教室・学会としての対応については何ら触れられていない。今後、遺族から人体試料の返還を求められた場合、どのように対応することが妥当なのだろうか。

(2)　法医解剖に由来する人体試料の研究利用

法医学領域で執り行われる解剖の多くは遺族からの承諾を必要としないものである。したがって、病理解剖に際

被疑者	[redacted]
罪　名	殺　人

様式第３６号

所　有　権　放　棄　書

年　　月　　日

警 視 庁[redacted]警察署長
司法警察員 警視 [redacted]　殿

住 居

氏 名　　　　　　　　　　　　　㊞

下記目録の物件について所有権を放棄します。

目　　　　　録

符号	番号	品　　名	数量	備　　考
	1			

（注意）　符号は、証拠金品総目録によって付ける押収物の整理番号で、司法警察職員が記入するものである。

取扱者印	

図1–1 「所有権放棄書」*

*）個人の特定につながりうる情報は黒塗りで加工した。

様式第２１号（刑訴第221条,第222条）

任　意　提　出　書

年　　月　　日

警視庁[redacted]警察署
司法警察員警視[redacted]殿

住　居

職　業　　　　　　　　（電話　　　　　　　）

氏　名　　　　　　　　　　　　　　印

（　　　歳）

下記物件を任意に提出します。用済みの上は，処分意見欄記載のとおり処分してください。

提　　出　　物　　件

番号	品　　名	数量	提出者処分意見	備　考

（注意）１　還付不要の物件には，提出者処分意見欄に必ず「所有権を放棄する。」旨明記させること。
２　物件が電磁的記録に係る記録媒体であり，提出者が記録媒体の所有者でない場合において，電磁的記録について所有に属するものとみなされる権利（刑事事件における第三者所有物の没収手続に関する応急措置法第１条の２参照）が提出者に帰属し，提出者が同権利を放棄する意思を表明したときは，提出者処分意見欄に，必ず，記録媒体の処分意見を明記させた上，「電磁的記録についての権利を放棄する。」旨明記させること。

（用紙　日本工業規格Ａ４）

図1-2 「任意提出書」*

鑑定人のほとんどが，「提出者処分意見」の欄に「所有権を放棄する」「返却不要，廃棄」の旨を明記しているという。

表2 解剖後の試料取扱いに関する学会のポリシー、ルール等とこれまでの変遷

	法医解剖		
	司法解剖	行政解剖	承諾解剖
保存	遺族は解剖には臓器や体液等の採取・保存・検査が伴うことを知らされているべきである。(①二〇一五年) 検査が終了した後も、再鑑定に備え、それらを相当の長期間保存することがある。これらは一連の鑑定業務と解釈でき、従来の対応で問題はないと考えられる。(③二〇〇二年)	遺族は解剖には臓器や体液等の採取・保存・検査が伴うことを知らされているべきである。(①二〇一五年)	遺族は解剖には臓器や体液等の採取・保存・検査が伴うことを知らされているべきである。(①二〇一五年) 解剖そのものが遺族の同意を前提としていることから、依頼者が誰であれ従来通り遺族から解剖実施の同意書を受領しておく必要があり、同意書を得る際には死因検索のため臓器等を採取、保存することを伝えておくのが望ましい。(③二〇〇二年)
研究目的での利用	解剖本来の目的で用いられるのではなく、別の目的の法医学研究の対象となる場合には、その使用に関し、研究目的を説明した上で遺族の同意を得るべきである。遺族から同意を得る者は、その研究について責任ある立場の者であることを原則とする。(①二〇一五年) 研究目的を説明した上で遺族の同意を得ることが望ましい。(⑥二〇〇六年) 試料を鑑定以外の教育・研究に使用することも広く鑑定能力の向上のために行うものであり、鑑定人の判断に委ねられるべきものである。(④一九九七年)	解剖本来の目的で用いられるのではなく、別の目的の法医学研究の対象となる場合には、その使用に関し、研究目的を説明した上で遺族の同意を得るべきである。遺族から同意を得る者は、その研究について責任ある立場の者であることを原則とする。(①二〇一五年) 遺族の同意を得ることが望ましい。(②二〇〇六年) 保存試料の研究への使用に関しては、遺族の同意を得ることを推奨したい。ただし、同意を得ることが困難場合には前記基本原則【4】に準ずる。(③二〇〇二年) 教育・研究に供する場合も、執刀者の判断に委ねられるものであって、遺族の承諾を必要としない。(④一九九七年)	解剖本来の目的で用いられるのではなく、別の目的の法医学研究の対象となる場合には、その使用に関し、研究目的を説明した上で遺族の同意を得るべきである。遺族から同意を得る者は、その研究について責任ある立場の者であることを原則とする。(①二〇一五年) 遺族の同意を得ることが望ましい。(②二〇〇六年) 医学教育、学術研究に使用することに対する説明は……研究責任者がなすべきではあるが、多くは依頼を受けて解剖を実施するため、遺族との直接的接触は少ない。解剖依頼者が解剖同意書とは別の様式で、例えば、研究責任者名で研究目的・内容・意義・効果などを記載した説明文書と同意書を準備し、採取もしくは保存臓器の研究使用に関する同意を代行的に得てもらうことでどうだろうか。(③二〇〇二年)
廃棄	刑事訴訟法に基づく司法解剖で採取する試料は、鑑定に不可欠であり、鑑定人の責任において処理しうるものである。(④一九九七年)		
返還の求めへの対応			

	新法解剖	病理解剖
	遺族は解剖には臓器や体液等の採取・保存・検査が伴うことを知らされているべきである。（①二〇一五年）	病理診断に用いられた「病理標本」は……「診療に関する諸記録」と見なすべきであって、一定期間病院ないし施設で保管の義務を有するものと考えられる。（⑤⑥二〇一五年・二〇〇五年） 「病理臓器」、「病理標本」は何れも検体由来者や家族から病院長もしくは施設長が「信託（trust）」を受けており、適正に管理する義務を負うと思慮される。（⑤⑥二〇一五年・二〇〇五年）
執刀者の判断に委ねられるものであって、遺族の承諾を必要としない。（④一九九七年）	解剖本来の目的で用いられるのではなく、別の目的の法医学研究の対象となる場合には、その使用に関し、研究目的を説明した上で遺族の同意を得るべきである。遺族から同意を得る者は、その研究について責任ある立場の者であることを原則とする。（①二〇一五年） 遺族の同意を得ることが望ましい。（②二〇〇六年）	病理検体を学術研究や医学研究に使用する際には、原則として事前の患者本人や代諾者（親権者や親族等）から文書による同意を得る必要がある。（⑦二〇〇二年） 標本としての目的以外に使用しようとするときは、改めて遺族の同意をえなければならないこと。（⑧一九八八年）
		遺族の承諾があったときは、病院長等は、その標本を礼意を失しないよう焼却等適切に処分することができること。（⑧一九八八年）
		「病理臓器」は、病理診断が確定した後に検体由来者や家族などから返却要請があった場合、正当な理由の記載された文書による求めがあれば、返却することとする。 正当な利用や適切な管理が担保されない限り、返却・譲与すべきではない。（⑤二〇一五年） 正当な理由があれば、返却することがありうる。（⑥二〇〇五年） 病理組織診断終了後の臓器・組織あるいは顕微鏡標本は患者に帰属する。従って、返却を求められた場合は、それに応じる必要がある。（⑦二〇〇二年） 一八条の規定により、……遺族から引き渡しの要求があったときは、遅滞なく遺族に引き渡さなければならないこと。ただし、その標本が死体の僅少の部分に止まる場合には、刑法の規定をも考慮し、一般社会通念に反せず、且つ、公衆衛生上遺憾のないように適宜処置して差し支えないこと。（⑧一九八八年）

出典
①「日本法医学会プライバシーポリシー」（二〇一五年・二〇〇六年の改訂版）
②同（二〇〇六年）
③「法医学領域の解剖等により採取・保存された臓器・体液等の法医学研究への使用について」（二〇〇二年）
④「剖検試料の取扱いに関する倫理規定」（一九九七年）
⑤「患者に由来する病理検体の保管・管理・利用に関する日本病理学会倫理委員会の見解」（二〇一五年）
⑥同（二〇〇五年）
⑦「病理検体の目的外使用に関する提言」（二〇〇二年）
⑧「病理解剖指針」（一九八八年）

して、将来解剖時に死者から採取した試料を将来的に研究に用いる可能性がある場合は、解剖時に病理解剖に関する遺族の承諾書を介して、研究利用に関する同意を得ることができる[33]。しかし、司法解剖の場合、そもそも法医学教室では、解剖時に死者の情報については警察等を通じて知ることができるが、遺族の氏名や連絡先は、後日死者の保険請求などに係る遺族側からの問い合わせ（保険請求のための死体検案書を遺族の求めに応じて郵送することがある）などがない限り、知ることができないという制限がかかる。過去の調査研究に基づけば、司法解剖時に採取した試料を研究に用いる場合、司法解剖そのものに遺族同意を得ることができないという性質上、教室長の判断で研究倫理審査を不要と判断している法医学教室も見受けられた[34]。

遺族から研究同意を得ない代わりに、法医学教室独自のウェブサイト上で、解剖に由来する試料の法医学教室での取り扱いに言及している教室があるほか、将来の研究で試料を利用する可能性について一般的な情報提供をしている教室もある[35]。

他方、ウェブサイトで情報を提示すると同時に、解剖時に遺族への対応にあたる警察官を通じて、文書やリーフレットを手渡すという方法を取っている法医学教室もある。文書には、解剖時に採取した試料が研究に利用されることがあり得ること、遺族は採取した試料の研究利用を拒否できること、遺族から後日同意の撤回ができることのほか、遺族への情報提供に取り組むこと、試料を用いた研究利用の倫理的な手続きが所属機関の研究倫理審査委員会の審査を得て正当性を得ているといったことが含まれている。このように近年、試料の研究利用について法医学教室が独自のウェブサイトやリーフレットを配布することを通じて、遺族の意思表明の機会を一見したところオプトアウトのような形で確保しようとする取り組みを行っている教室が多く見受けられるようになった。

二〇一七年二月に一部改正された「人を対象とする医学系研究に関する倫理指針」[36]（以下、「医学系指針」とする）によれば、研究者等が研究を実施しようとする時は、同指針が定める手続きに従って、原則としてあらかじめインフォームド・コンセントを受けなければならないことが定められている。具体的には、自らの研究機関において保有している既存試料・情報を用いて研究を実施しようとする場合も、新たに試料・情報を取得して研究を実施しようとする場合も、人体から取得された試料を用いる研究を行うに際して、「研究者等は、必ずしも文書によりインフォームド・コンセントを受けることを要しないが、文書によりインフォームド・コンセントを受けない場合には、3の規定による説明事項[37]について口頭によりインフォームド・コンセントを受け、説明の方法及び内容並びに受けた同意の内容に関する記録を作成しなければならない。」とされる。

現在、日本法医学会が定める「プライバシーポリシー」[38]では、「解剖における保存試料が、その本来の目的で用いられるのではなく、別の目的の法医学研究の対象となる場合には、その使用に関し、研究目的を説明した上で遺族の同意を得るべきである」とするものの、前述のとおり司法解剖に係る守秘義務の徹底等から遺族とのコンタクトは基本的に避けられており、なおかつ遺族側から積極的な問い合わせ等がなされない限り、法医学教室としては同指針上「代諾者等」[39]となりうる者にコンタクトが取れないことになる。このような場合、法医学教室としてどのような手続きを取れば良いのか、適正な対応のあり方が問題になりうる。

四　考察

1　死体に対する遺族の権利

法医実務上、先述したように、司法解剖時に鑑定人から捜査機関へ「所有権放棄書」等のやり取りが慣行化していた。これは、解剖される死者の死体（の一部）に対する何らかの権利（但し、「所有権放棄書」とされているため、ここでの文書作成者は、何らかの権利として所有権を想定したものと考えられる）がいったん遺族から鑑定人に移り、鑑定人にさらに権利を放棄させることで、死体（の一部）に対する権利が捜査機関側に移ることを宣言するロジックのようであるが(40)、そもそも死者の人体試料にかかる権利（を誰が有するか）について検討が必要である。

下級審の裁判例は、概ね死体の「物」性を認め、その所有権を肯定しており、所有権者たりうる者は、民法八九七条の祭祀主宰者とするものが多い(41)。遺骨の所有権が争われたケースで、最高裁は、遺骨の所有権が慣習に従って祭祀主宰者に帰属するものとした原審の判断を維持した(42)。学説も死体の所有権を肯定するものが一般的である。ただし、民法上、祭祀権を実体とする所有権は「祭祀主宰者」に属するものとしても、死体だけでなくその一部の取扱いについて決定する権利が祭祀主宰者に専属すると解すべきか否かについては、さらに検討が必要との指摘もある(43)。

死体ならびに死体由来試料の法的地位については、所有権説をはじめとして、人格権的アプローチをとるものまで、これまで諸説の展開がなされてきた。死体に対して所有権と人格権が共に競合しうると主張する説も存在する(44)

が、死者本人は権利能力を喪失しており、当然のことながら権利能力の主体となれないことから、人格権は持ちえないことになる。そのため、生体から採取された試料に対する法律関係と同様に、試料の利用等についてコントロール権の付与を検討する場合、「遺族」に対して死体に対するコントロール権を認めうるか否かが問題となる。(45)

法医学領域からは少し離れるが、主に臓器移植法や病理解剖を念頭に置いた検討場面において、死体からの臓器等の提供はあくまでも死者本人の生前意思に基づく提供であるとする見解が見られた。(46) しかし、研究目的での死体由来組織等の提供につき死者の生前意思がある事例は稀であること、(47) 所有権者以外の「遺族」の法的地位が不明瞭であること、すなわち喪主・祭祀主宰者にあたらない者も、死体（の一部）の帰趨を決めるに際しては何らかの権利・利益を有すると考えるべきとの問題提起がある。(48) 仮に死体に関する法律関係を従来の所有権法理のみで片付けようとするならば、所有権を有しない「遺族」(49) も何らかの権限を有するという帰結を導くことは困難になってしまう。このことを根拠に死体や死体由来試料に関する法律関係を所有権法理で一元化することは適切ではないとの指摘も有力な見解として出されてきた。(50) ここでは、喪主等の特定の者に所有権とそれに基づく権限を付与しつつも、所有権者は当該死体に関する他の関係者や社会一般の利益を担う受託者的な地位に立つ者と解し、その権利行使が他の関係者の同意を伴わない場合や、社会の敬虔感情に照らし許容されない場合は、公序良俗に反するものとして効力が否定されると考えるべき、とする提案が展開されている。(51)

2　契約の観念

遺族が病理解剖後の試料の返還ならびに損害賠償を求めた事件では、裁判所は死体解剖保存法とは別に、私法上の契約が締結されていることを観念しているようである。所有権に基づく遺族からの標本返還請求[52]では、東京地裁は遺族による解剖承諾と同時に、寄付（贈与）または使用貸借契約が交わされていると想定している。他方、同じ事件に基づいて別途請求された損害賠償請求事件[53]では、遺族側が使用貸借契約もしくは類似の契約と主張したことに対し、裁判所は本件契約は贈与契約であると判断している。遺族側は控訴審[54]で寄託契約に類似の無名契約であると主張したところ、東京高裁は原審が贈与契約であるとした点を削除し、「契約が終了するのは、標本として使用する目的ないし必要性が消滅した場合又は病院がその標本を不当な目的に使用し、あるいは不当な取り扱いをしたような場合などに限られるというべき」[55]であり、本件ではそのような契約終了事由は生じていないと判断した。

他方、死者に由来する標本のバンク化に関する議論では、遺族が死体の病理解剖に応じ死後脳をブレインバンクで保存（ブレインバンクに死体の一部を提供）することへの同意に関し、民法上の性質を検討する場面で、「いつでも撤回が可能という条件付きの贈与（ただし撤回に遡及効はない）」とする見解と、「無償・片務・諾成の贈与類似の非典型契約で、いつでも返還請求できる特約を認めるもの。ただし、目的物に対する加工規定を広く認めることで返還請求を制限することにより、研究者の利益も一定程度保護することをはかる」とする見解が出されていた[56]。

遺族から解剖承諾をとっている病理解剖や、死後脳のブレインバンクへの提供を想定した議論の場面では、死者の標本に対してこのような考えや解釈が成り立つ。しかし、法医解剖に由来する標本の保存について、死体解剖保存法の条文に基づき検討すると、**表1**で示したように、承諾解剖の場合を除き、同法一八条に基づく標本の保存ということになる。遺族の解剖承諾を要さず解剖が行われるという性質上、遺族と解剖を行う者との間に何らかの「契約」を観念する余地がないことになる[57]。このような場合、一八条の規定通り、遺族から求めがあった場合には、返還しないといけない、という論理になるのだろうか。

司法解剖をはじめとした法の下での死因究明の場面で、死体（の一部）に対する遺族の権利につき考えてみると、死体（の一部）に対しては所有権が成立し、この場合所有権者となりうるものは遺族であると考えることもできるかもしれない。[58]ただし、遺族の範囲については喪主・祭祀主宰者にあたらない者も、死体の帰趨を決めるに際しては何らかの権利・利益を有するとの考えが存在することが推認されることから、（仮に、死体の帰趨に関するコントロール等の何らかの権利のことを「人格権」と措定できるか否かはさておき、）遺族の手元から離れ、法医学教室や監察医務機関で保管されている死体の一部について、刑事鑑定試料としての性質を有する場合は、死体やその一部に対する権利は遺族に付与されているものの、公益を優先させる目的から、実質的な処分権は留保される（つまり、遺族の意向だけで返還することはできない）という制約を課すことが妥当な場合があると考える。[59]試料を実質的に所有・支配している法医学教室や監察医務機関はあくまでも死体の一部を標本として管理するに過ぎないという立場にあり、ただし、刑事鑑定（すなわち司法解剖）の場合には、鑑定物でもあるため厳格に管理すべきものであり、仮に所有権を有する遺族が返還を申し出てきたとしても（所有権以外の何らかの権利を有するその他の遺族が試料に対する特定のコントロールを要求してきた場合でも）、将来的に再鑑定の可能性が残っているのであれば、可能性が完全に否定されるまで、本来的には返還すべきものではないのではなかろうか（鑑定物としての取扱いに関しては、次項で検討することにする）。[60]

しかし、鑑定から切り離され、研究に利用される場面（本来的に、将来刑事再鑑定に付される可能性があることを考慮すると、研究に使用する試料は、完全に鑑定が終了したもの、再鑑定に付される可能性があるが、十分な残余物がある場合の残余物を対象とする、に限られるべきであると考える）では、当然のことながら遺族からの研究同意を得る必要があり（当該研究同意には実質的な支配権が遺族から研究者に移転することを明確にする目的も含まれると考えられる）、研究同意の場面で、契約をはじめとした私的な関係が遺族と法医学研究者の間で結ばれると考えられ、死体の一部に対する権利が遺族から法医学研究者側に移るものと考える。

3　返還と刑事鑑定との関係

死体解剖保存法一八条における保存の場合（**表1**）、標本は「但し、その遺族から引渡の要求があつたときは、この限りではない。」と規定されるため、引渡要求への対応を検討することも必要となるが、同時に、特に刑事鑑定として執り行われた司法解剖に由来する試料については、より慎重な対応が求められる。なぜならば、一連の鑑定が終了した後も、将来的に再鑑定が行われる可能性を完全に否定できないことや、近年、科学捜査研究所による検査時の費消に伴い鑑定試料が全量消費されていたことを理由に、鑑定嘱託結果の証拠能力が争われる刑事裁判例も見受けられるからである。[61] 無辜者である刑事裁判の被告人や受刑者にとって、再鑑定は雪冤の決定的証拠となりうるものでもある。[62] これらを踏まえれば、司法解剖由来の人体試料については、鑑定書の提出を持って一旦鑑定が終了したと判断した後でも、本来的に司法解剖の全例において証拠能力を有する限りで半永久的な保管が求められる性質を備えたものであると考える。科学的な鑑定では、第三者が検証を行い結果を確認するために、残余物であるとしても第三者検証に備えて鑑定に用いた試料を適切に残しておくことが、鑑定結果だけでなく鑑定そのものへの信頼性を高めるために必要であるからである。したがって、法医学教室で保管している試料に対して、遺族が後日返還を求めてきた場合には、鑑定人に対する司法解剖を嘱託した者（検察官・司法警察員）に、刑事捜査が完全に終了しているのかどうか、再鑑定になる可能性が完全に否定されるのかどうかを尋ねた上で、遺族に返還してよいか否かを決める必要が出てくると考えられる。[63]

死因や身元を究明することを目的に執り行われた新法解剖の場合でも、解剖後に事件性が疑われ、後日鑑定嘱託書が発行される（すなわち、司法解剖同様に保存していた試料が将来にわたり重要な意味づけをもつ）場合もある。死体解剖保存法が一八条で遺族からの引渡要求を許容していると考えられるとしても、被疑者である遺族から証拠隠滅目的で試料の返還を求められることもありうる。[64]司法解剖だけに留まらず、法医解剖に由来する人体試料の引渡要求への対応には特段の注意が必要であると考える。

4　返還手続き上の留意すべき点

法医解剖後大学で保管されている試料は、バイオハザード[65]の面でも私人が一般的な生活態様の下で管理・保存できる試料とはいえない。取り扱う人や周囲に及ぼす環境衛生面、視覚心理面への影響も大きいことを踏まえれば、遺族自身が試料を管理・保存することの困難さや非現実性が、法医学教室における適切な管理可能性を上回ることになる。ただし、死体解剖保存法の下での尊崇の念を重視するならば、追悼の意味で荼毘に付したいとの希望があり、葬儀社の関係者を介すなどして、荼毘に付すまでの手続きが完全に取られた形であれば（公序良俗に反しないことが保証されうる限りにおいて）、返還を認める余地が出てくるかと考える。[66]しかし、解剖時に採取した人体試料は一般環境下で適切な管理が難しく、現実的には遺族からの要望通り返還することは妥当とは言えず、遺族自身や環境衛生を守るための研究者側からの一つの配慮として、研究機関側で責任をもって厳粛に荼毘に付すことを周知し、納得してもらう方法が妥当なのではないかと考えている。[67]

5　遺族からの研究同意——求められる適正な手続きとは

承諾解剖の場合を除き、多くの法医解剖では法律上遺族の承諾を求めていないため、病理解剖のように病理解剖承諾書を用いてオプトイン方式に基づき遺族の同意・承諾を得て、解剖後に試料を保存・用いるということができない。[68]

しかし、現在の医学系指針によれば、過去の解剖時に採取された人体由来試料を用いて研究を実施しようとする場合も、これから行われる解剖で新たに試料・情報を取得して研究を実施しようとする場合も、研究者等は、インフォームド・コンセントを受け、[69]説明の方法及び内容並びに受けた同意の内容に関する記録を作成しなければならないことになる。これまで各法医学教室独自のウェブサイト上や、警察官を通じたリーフレットや文書の配布を通じて、将来的な研究への利用可能性や具体的な研究を知らせた後、同意撤回の機会を保証することでオプトアウト方式での研究同意を得ていると多くの法医学研究者は考えてきたが、現在適用されている医学系指針ではこの手続きは不適切ということになってしまう。

したがって、文書によらなくても口頭でインフォームド・コンセントを受け、代諾者[70]から同意を得なくてはならない。[71]研究同意を得る際の説明事項として、研究対象者から取得された試料・情報について、研究対象者等から同意を受ける時点では特定されない将来の研究のために用いられる可能性又は他の研究機関に提供する可能性がある場合には、その旨と同意を受ける時点において想定される内容を説明しなければならないが、単なる「医学研究への利用」といった一般的で漠然とした形のいわゆる白紙委任を容認するものではないことに留意する必要がある。(72)(73)

法医実務ベースで考えると、死者の加入していた生命保険に関する問い合わせや死亡診断書（死体検案書）の再発行を代諾者である遺族から求められた時に、研究に携わる者が口頭あるいは別途、研究に関する説明文書を郵送するなどし、郵送での返信による場合も含め、個々の研究対象者毎に研究への意思表示を確認する必要があるということになる。

先述の通り、遺族から個別に研究同意が得られた時点で、試料に対する実質的な権利は遺族側から法医学教室（あるいは監察医務機関）側に移転するものと考えられるが、権利移転後に、遺族からの任意撤回が認められるか否かについても検討を加えなければならない。

法医学領域での研究過程では、液体（液状）試料の場合には、専門的な機器を用いた化学的な研究等で費消を伴う分析にかけられることが多く、臓器の場合も薄切、包埋、染色といった加工を経てプレパラート標本になったあとに研究に用いられることが多いと考えられる。(74)法医学研究者が代諾者となる者より研究同意を得る場面において、具体的にどのような研究にどのような形で試料が用いられるのか、試料が費消を伴う形で用いられることなどは説明されているはずである。(75)これらを理解した上で同意がなされることを踏まえれば、東京地判平成一二年一一月二四日判決(76)が「高度の信頼関係」が失われた場合に限り遺族が契約を将来に向かって取り消しうるとしたように、代諾者と法医学研究者との間の契約の信頼関係が阻害されたことを理由に契約の取り消しを認めるという考え方はとりうるかもしれないが、研究同意をもって試料に対する権利が法医学教室側に移転すると考えるならば、基本的には特別な事情がない限り無条件に遺族の側に撤回権を認めることはできないと考える。[77]

五　結語

法医解剖に付されるご遺体は、予期しない死亡例であることが多い。遺族にとって愛する者との突然の死別は大きな衝撃と動揺を招き、故人への愛惜、追慕の情は永く続くことが予想される。従来、生前同意登録の場面では、"Gift of Hope"という捉え方もなされてきたが、[78]法医解剖の場合には、多くが解剖承諾を要さず、遺族の中には解剖への嫌悪感を強く持ち続ける方も多いことから、このような捉え方は成り立ちにくい。その意味で、法医解剖であるからこそ、当然のことながら遺族への配慮、試料の取り扱いに対する配慮はことさら必要である。

法医学は「医学的解明、助言を必要とする法律上の案件、事項について、科学的で公正な医学的判断を下すことによって、個人の基本的人権の擁護、社会の安全、福祉の維持に寄与することを目的とする医学[79]」であり、過去から現在まで長年にわたり連綿と続いてきた研究の積み重ねの成果が遺族や社会に還元されて個人の基本的人権の擁護や社会の安全、福祉の維持に寄与してきたことも事実である。法医学が社会から信頼され、負託に応え発展させていくためにも、法医解剖に由来する試料に対する遺族の権利と法医学研究との両立はこれからも検討されなければならず、遺族のみならず社会の理解が十分に得られるように法医学研究者も自ら努力すべきであると考える。

（1）　井上悠輔「人の身体に由来する試料を用いた研究の倫理」神里彩子＝武藤香織編『医学・生命科学の研究倫理ハンドブック』

（東京大学出版会、二〇一五年）一七頁。そのほか、提供者が存在すること、試料が採取されて研究室で実際に使用されるまでの間に、時間差ならびに距離が発生することも指摘されている。

（2） Matsuda Y, Nagao M, Takatori T, et al. Detection of the sarin hydrolysis product in formalin-fixed brain tissues of victims of the Tokyo subway terrorist attack. Toxicology and Applied Pharmacology 1998; 150: 310-320.

Nagao M, Takatori T, Matsuda Y, et al. Definitive evidence for the acute sarin poisoning diagnosis in the Tokyo subway. Toxicology and Applied Pharmacology 1997; 144: 198-203.

（3） 某学会の理事長が、個人で所有していた四〇人分の遺伝子情報を含むヒト細胞株を自らの借金の担保としていたが、借金返済が行き詰まり、細胞株が「動産」として差し押さえられた。その後、細胞株は競売にかけられ、一億六〇〇〇万円の評価額がつく結果となった。毎日新聞二〇〇一年一〇月二五日朝刊のほか、東海林邦彦「身体の（民事）法的位置づけをめぐって――『身体的人格法』研究序説(1)」北大法学論集五五巻三号（二〇〇四年）一三四〇頁参照。

（4） 宇都木伸「人由来物質と個人医療情報」宇都木伸＝菅野純夫＝米本昌平編『人体の個人情報』（日本評論社、二〇〇四年）二一七頁参照。〝remoteness〟という表現を用いて、「モノ自体としては、個人格としての存在である本人の一部であったゆえに基本的に本人と同じ尊厳を持った扱いを受けるべきである」と指摘する。

（5） 宇都木伸「ヒト由来試料に関する諸権利」町野朔＝雨宮浩編『バイオバンク構想の法的・倫理的検討』（上智大学出版、二〇〇九年）一六九頁参照は、人由来物質に公的にいかなる性格を付するべきかと考えると、「人性を最後まで規範として持たしめるべきである、と主張しておきたい。つまり、人由来物質は原則的には人体として〝葬儀〟の対象とされるべきものであるが、例外的に他者の手のうちに『物』として残ることはありうる。しかしその場合も、そのモノに特有の事柄として、守られるべき人間の尊厳は付随してまわる（と考えるべきである）。それはたとえスライドという形になったとしても。」とする。

（6） 刑事訴訟法二二九条に基づき、変死または変死の疑いのある死体につき、死因が犯罪に起因するものか否かを判断するために、検察官や警察官、海上保安官などが死体等を検分することを指す。

（7） 家庭内で発生した傷害や殺人被疑事件の場合、遺族の中に被疑者がいる可能性が高く、犯人しか知り得ない情報（いわゆる暴露事実）が遺族関係者に漏れてしまい、その後の捜査に支障をきたすおそれがあることも、鑑定人と遺族関係者との接触が避けられる理由の一つである。

(8) 著者らの調査では、司法解剖を経験した遺族の七四・一%が解剖前に警察官より、司法解剖に関する説明を受けたと回答していた。中島聡美＝加茂登志子＝鈴木友理子＝金吉晴＝中澤直子＝小西聖子＝辻村貴子＝吉田謙一＝成澤知美＝淺野敬子＝深澤舞子「犯罪被害者の急性期心理ケアプログラムの構築に関する研究」『大規模災害や犯罪被害等による精神科疾患の実態把握と介入手法の開発に関する研究(研究代表者　金吉晴)』(二〇一四年三月)五六頁参照。

(9) 臓器には蛋白質分解酵素が含まれているため、解剖時に採取した後にそのまま放置すると、特に一部の臓器では数時間程度で自己融解現象が起き、溶けてしまうことになる。自己融解を防ぐために、ガラス瓶内にホルマリン液を入れて臓器を固定する必要がある。

(10) 組織のままでは硬く、プレパラート用に薄い切片を作ることができないため、パラフィンと呼ばれる「ロウ」の一種で固める必要がある。このパラフィンでコーティングされた小組織片のことを「パラフィンブロック」と呼んでいる。

(11) 鑑定嘱託者(警察署長や検察官)から鑑定人に対して交付される「鑑定嘱託書」では、一般的に「被害者〇〇〇〇(当時〇歳)の死体を解剖のうえ、死因、既往歴の有無、成傷の機序、薬毒物摂取の有無、血液型、その他参考事項(注記・その他鑑定事案ごとに嘱託事項は変化する)、について鑑定願います」といった文章が記載される。解剖後に嘱託事項に対応する形で鑑定結果を記載したものが鑑定書となり、鑑定嘱託者に提出されることをもって鑑定は終了する。

(12) 著者が二〇一三年に行った調査によれば、司法解剖後にホルマリンで固定した臓器について、四割の法医学教室では教室内での保管期限を独自に設け(一年〜二〇年まで教室間差があった)、一割弱の教室は永久保存としていた。いずれの試料も法医学教室で一定期間保存されたあと、教室側の判断で永久保存とするか廃棄とするかは対応が異なっていた。詳細は、辻村(伊藤)貴子「司法解剖に由来する法医鑑定試料の管理・取扱いをめぐる問題」犯罪学雑誌八三巻五号(二〇一七年)一〇九頁以降を参照のこと。

(13) 一九四九年に死体解剖保存法が公布され、監察医制度が同法八条に明記された。同年「監察医を置くべき地域を定める政令」により、全国七つの地域(東京市〔当時〕、横浜市、名古屋市、京都市、大阪市、神戸市、福岡市)において監察医制度が開始されたが、一九八五年の法改正により、福岡市と京都市は施行地域から除外され、二〇一五年をもって横浜市でも制度が廃止された。

(14) 実質上、監察医制度として機能しているのは東京都二三区内（東京都監察医務院）、大阪市（大阪府監察医事務所）、神戸市（兵庫県健康福祉部健康局医務課監察医務室）である。

(15) 法律上遺族承諾は不要であるが、筆者がかつて東京都監察医務院の監察医検案に見学同行した際、監察医補佐が所轄警察署の警察官と二人で遺族に対し解剖検査の必要性等を説明していた。

(16) 東京都監察医務院では解剖に際し、検案時に監察医に随同する監察医補佐により、A4一枚の説明文書「死因決定のための検査（解剖）について」が遺族に手渡されている。同文書には「ご遺体のいろいろな臓器（心臓・肺・肝・腎・脳など）について肉眼的に観察すると共に、その一部から病理組織標本を作り、顕微鏡で観察します。また、胃内容物、血液、尿などの薬化学検査も併せて行います。これらの検査結果等を総合的に判断し、死因を決定いたします」と記載されているほか、採取された諸臓器をはじめ試料についての取扱いが明記されている。それによれば、ホルマリン固定臓器、プレパラートは五年間の保存期間、薬化学検査で使用した胃内容物、血液、尿等は三か月後に処分する旨が記載されている。

(17) 二〇一五年の都道府県別の死体取扱い状況を見る限り、承諾解剖に関しては一年間に〇件もしくは行っていたとしても一桁台の解剖件数の県が多く目立つ。

(18) 上村公一「死因・身元調査法による解剖」日本医事新報四八七三号（二〇一七年）五六頁によれば、実質的な解剖目的は、①死因を明らかにして遺族の不安を緩和する、②異状死体に対する解剖率の増加、③死者の身元確認の徹底、④犯罪の見逃し防止、などとされている。実際には都道府県警察の考え方、法医学教室のマンパワーなどにより、地域ごとに解剖実施のばらつきが生じている。

(19) 同法六条三項の規定に基づけば、大学以外であっても国家公安委員会が厚生労働大臣と協議して定める基準に該当し、都道府県公安委員会が認めたものであれば、解剖の実施を医師に委託することができる。

(20) 「解剖依頼書」には①死因、②死亡推定日時、③解剖所見、④その他参考事項が回答事項として提示されることが多いという。これら回答事項への応答を目的に解剖時に人体試料が採取される。

(21) 高橋シズヱ「司法解剖を受けた被害者遺族が望むこと」BAN七月号（二〇〇九年）二八頁では、地下鉄サリン事件で夫を亡くした女性が、事件の首謀者に対する刑事裁判を傍聴する中で、亡き夫の臓器が解剖後も法医学教室で保存されていることを知り、「遺族の知らない状況で遺族の許可もなく（臓器が）保存されたり、処分されたりすることには疑問を感じています。」と批判している。

（22）警察官による遺族への説明について、警察庁は都道府県警察を通じ全国の警察官に向けて「死体取扱い時における適切な遺族説明について」（平成二四年九月六日付警察庁丁捜一発第一二四号）、「遺族等に対する死因その他参考となるべき事項の説明について」（平成二五年三月八日付警察庁丁捜一発第二〇号）の通達を発し、遺族の心情に配慮し、解剖の必要性や死因等に関して丁寧な説明を行うことを指示している。

（23）「解剖時における臓器の採取及び保存に関する遺族説明等について」（平成二六年八月一日付警察庁丁捜一発第八二号）参照のこと。過去に肉親の司法解剖を経験した遺族から法務大臣宛の要望書が提出されたことや、犯罪被害者遺族への対応向上への要請等を背景に定められた。

（24）辻村・前掲注（12）参照。

（25）刑事裁判が終結し、刑確定後に再審請求がなされる場合もある。刑事再審請求の申請数は、二〇〇〇年前後は一五〇件程度であったものが、二〇一〇年を過ぎたあたりから二二〇件を超えており、近年増加傾向にある。日本弁護士連合会『弁護士白書二〇一三年版』（日本弁護士連合会、二〇一三年）一一頁参照。

（26）日本法医学会倫理委員会「法医学領域の解剖等により採取・保存された臓器・体液等の法医学研究への使用について」日本法医学雑誌五六巻二・三号（二〇〇二年）三一九頁以下参照。「補足説明」の部で、試料を採取し保管する主な理由は、「1）鑑定項目あるいは、死因や病態を明らかにするため、2）裁判等での再鑑定や再検査に備えるため、3）法医学関連の教育・研究に資するため」であり、「この三つの目的を個々に区別して（採取・保管を）行なうことは事実上困難なことであり、多くは、1）の目的で採取・保管されたものが付随的に2）や3）に連動しているのが普通である。」としている。

（27）警察が持ち帰った人体試料はそれぞれの都道府県警察本部の科学捜査研究所（科捜研）で費消を伴う検査に付され、鑑定人が提出した「任意提出書」（**図1－2**参照）に「残部試料は廃棄」の旨が記載されていれば、科捜研側で廃棄されるという。

（28）昭和三四年九月一四日付警察庁次長通達乙刑発第五号「検死官（仮称）の設置について」により、検死官（刑事調査官）

制度が導入され、現在、各都道府県警察で運用されている。警察における死体取扱いを専門とし、警察大学校での検死官講習（監察医務院や大学法医学教室での実務研修も含まれる）を受講した者がなる。検死官は死体取扱い現場に臨場して代行検死を行うほか、司法解剖時は解剖室に入り、解剖時の所見を記録しつつ、死者から採取した試料を科捜研での検査を前提に（前掲注（27）参照）署に持ち帰るか否かの判断を他の警察官と相談して決定する。

（29）著者が二〇一三年に行った調査では、調査回答者（大学法医学教室の教室長）のうち、九割が鑑定人として当該書類の作成・提出を求められており、基本的に応じていたことが判明している。

（30）日本経済新聞二〇一四年四月一一日。新聞報道によれば、女児は司法解剖の結果、病死と診断されたとのことだった。女児の両親は解剖時に摘出された眼球の返還を何度か求めていたが、大阪府警側は再鑑定などに備える必要があることから求めに応じてこなかったという。その後、女児の死亡に事件性がないと判断したことから、解剖を実施した大学や地検と対応を協議した上で返還を決めた、とのことである。

（31）Tsujimura-Ito T, Inoue Y, Yoshida K. Organ retention and communication of research use following medico-legal autopsy: a pilot survey of university forensic departments in Japan. Journal of Medical Ethics 2014; 40: 603-608. DOI: 10. 1136/medethics-2012-101151 を参照のこと。

（32）日本法医学会は法医解剖に由来する試料について「剖検試料の取扱いに関する倫理規定」（一九九七年四月、医の倫理委員会）を皮切りに、二〇〇二年に「法医学領域の解剖等により採取・保存された臓器・体液等の法医学研究への使用について」（前掲注（26）参照）において学会としての基本的な倫理原則を定めた。二〇〇六年以降は「プライバシーポリシー」が適用されている。日本法医学会「プライバシーポリシー」（二〇一五年四月二六日一部改正）（http://www.jslm.jp/ethic/privacy_policy.html〔二〇一七年一一月二一日閲覧〕）。

（33）日本病理学会「病理解剖に関する遺族の承諾書（モデル）」（http://pathology.or.jp/news/pdf/sample-20121226.pdf〔二〇一七年一二月二一日閲覧〕）。当承諾書（モデル）では、「説明を受けられた項目にレ点をつけてください。」とあり、レ点（✓チェックの印）をつける項目の中の一つに「保存された標本を医学教育や医学研究に使用させていただくことがあります。学会や紙上発表の際には匿名化して、個人情報は公開されません。また、医学研究に用いる際には、別途倫理委員会の審査を受けます。」とある。

（34） Tsujimura-Ito T, Inoue Y, Muto K, Yoshida K. The use of human samples obtained during medicolegal autopsies in research: An introduction to current conditions and initiatives in Japan. Medicine, Science, and the Law, 57; 2: 75-83, 2017. DOI: 10. 1177/0025802417704107/First Published April 9, 2017.

（35） 説明内容には差が見られる。例を紹介すると、「当教室で保存されている、亡くなられた方の血液や組織などの検体の一部を、研究や教育に利用させて頂くことがあります。その場合、亡くなられた方やご遺族が特定されるような情報は完全に除き、プライバシーの保護や人権の擁護に最大限配慮致します。」といった形で教室としてのサンプルの使用方針や使用上の配慮について包括的に説明する内容のものもあれば、「新たな溺死診断法を開発することを研究目的として、当教室で司法解剖に付されたご遺体から採取された血液を研究試料として用い、死体血液からプランクトンを直接検出する方法や、肺胞壁の破綻に伴って血液中に漏出してくると考えられる肺特異的なたんぱく質をマーカーとした酵素免疫測定法などについて有用性を検証します。」のように、教室もしくは研究者としての個々の研究計画を決定後に、当該研究で使用される試料の種類や解析方法について具体的に記載したものも見られる。遺族の意向で故人の人体試料を用いた研究への同意撤回が可能である旨をウェブサイトに記載している教室も見受けられた。

（36） 「人を対象とする医学系研究に関する倫理指針」（厚生労働省・文部科学省平成二六年一二月二二日。平成二九年二月二八日一部改正）。

（37） 前掲注（36）第5章　インフォームド・コンセント等　第12　3「説明事項」として、インフォームド・コンセントを受ける際に研究対象者等に対し説明すべき事項として、原則二一項目が提示されている。

（38） 前掲注（32）参照。

（39） 現行の医学系指針では、研究対象者が死者である場合に、インフォームド・コンセントを与えることができる者を含めて「代諾者等」と定義している。

（40） 死体解剖保存法は標本の保存については言及するものの、所有権の移転までを定めるものではないことから、司法解剖時の捜査機関と鑑定人との間での「所有権放棄書」等のやりとりは、関係者間の誤った理解の下に慣行が続いてきたといえる。

畔柳達雄「大学病院の医療事故⑽——死体解剖保存法による摘出臓器等の返還請求の可否（臓器等利・活用の展望）」耳鼻咽喉科展望四四巻五号（二〇〇一年）四二二頁以降は、「おそらく関係者の意識は、保存した段階から大学に支配権のみならず、所有権も帰属していると考え、その根拠を問えば、死体解剖法の例を挙げるのではないか。しかし、［中略］死体解剖保存法は、保存（支配）に言及するが所有権の移転まで定める法律ではない。したがって、同法の存在をもって、所有権移転の根拠とすることは誤りである」と批判する。

（41） 東京高判昭和五九年一二月二一日東高民事報一〇～一二号二〇八頁、東京高判昭和六二年一〇月八日判例時報一二五四号七〇頁など。なお、死体の帰属に関して判例・学説を網羅的に検討した論文として、星野茂「遺体・遺骨をめぐる法的諸問題㊤」明治大学法律論叢六四巻五・六巻（一九九二年）一七五頁以下を参照。

（42） 最判平成元年七月一八日家月四一巻一〇号一二八頁。

（43） 辰井聡子「死体由来試料の研究利用——死体損壊罪、死体解剖保存法、死体の所有権」明治学院大学法学研究九一号（二〇一一年）八三頁。他方、四宮和夫＝能見善久『民法総則〔第八版〕』（弘文堂、二〇一〇年）一六〇頁は、所有権は祭祀主宰者に属するとしており、喪主と祭祀主宰者とを区別していない。死体は、遺族の所有権の対象となるが、このことは埋葬に向けて特殊な内容を含む（大判大正一〇年七月二五日民録二七巻二〇号一四〇八頁、大判昭和二年五月二七日民集六巻三〇七頁等参照）からであり、米村滋人『医事法講義』（日本評論社、二〇一六年）二八六頁は、その後の利用について、死体をめぐる社会関係が特定の人的範囲にとどまらないことから、関係者の範囲は不確定的となると指摘する。

（44） 河原格「死体及びその一部について」朝日法学論集三〇号（二〇〇四年）二五三頁。

（45） 米村・前掲注（43）二八七頁によれば、「立法論としては、死体の取扱いの適正化は社会の関心事でもあるため、死体利用に関する『コントロール権』を行使する公益機関の設置を検討すべきであろうが、さしあたりは遺族に所有権を超える権限は付与できず、研究の適正化は研究機関内部のモニタリングに委ねざるを得ない。」とする。

（46） 城下裕二＝臼木豊＝佐藤雄一郎「『人倫研プロジェクト』ワーキンググループ・提言『身体・組織の利用等に関する声明倫理基本法』⑶」北大法学論集五六巻一号（二〇〇五年）四二六頁以下参照。これに対し、米村滋人「人格権の権利構造と『一身専属性』㈠」法學協会雑誌一三三巻九号（二〇一七年）一三三七頁は「この見解は、死体に関して所有権のみが成立することを前提としつつ、形式的法主体（所有権者）と実質的判断者（本人）を分離し、遺族が『推測された本人の意思』を代弁するものとして所有権法理との整合性を図る考え方に立つものと思われる」と分析する。
(47) 米村・前掲注（46）一三三九頁は、「加えて、死後の死体処分の目的や態様は多岐にわたり、死亡直前の事実経過が解剖の医学的必要性等の判断に大きく影響する事態も考えうる。そのような場合にも、実質的判断は本人意思に基づいていると考えるのであれば、本人意思に基づくという言明は内実を伴わないフィクションとなろう」と指摘する。
(48) 辰井・前掲注（43）六六頁も、同様の趣旨を指摘する。
(49) 米村滋人「死体の法的地位と所有権・人格権」奥田純一郎＝深尾立編『バイオバンクの展開』（上智大学出版、二〇一六年）二四〇頁では、所有権説に対する検討で、「死体に対して他の権利が成立しないのであれば、死体の処分権全般が『所有権』に内包されると考えざるをえず、解剖や臓器提供の同意権もすべて『所有権』に基づくことになろう。……同意権を有する『遺族』とは民法上の『相続人』を意味し、他の者の同意による解剖や臓器提供は違法であると解することとなる」と指摘する。
(50) 米村・前掲注（46）一三四〇頁は、所有権法理とは別個の法律関係を併存させる方が望ましい可能性として、これを「人格権」として性質決定すべきかは検討の余地があるとするものの、人格権構成によれば所有権を有しない遺族も権利の帰属を肯定することができるため、一つの法律構成の可能性として十分に認められるべきとする。
(51) 米村・前掲注（43）二八七頁参照。他方、米村滋人「生体試料の研究目的利用における私法上の諸問題」町野朔＝辰井聡子編『ヒト由来試料の研究利用――試料の採取からバイオバンクまで』（上智大学出版、二〇〇九年）八〇頁以下は、生体に由来する人体試料の提供・利用等の場面で、信託として構成する見解もあるとしている（この場合、公益信託ないし目的信託として考えることになるとする）。病理分野での試料の取扱いをめぐる日本病理学会の倫理委員会での検討（日本病理学会「患者に由来する病理検体の保管・管理・利用に関する日本病理学会倫理委員会の見解」〔二〇一五年一一月一部改正〕）も、（死体由来試料も含まれると想定した上で）「『病理臓器』、『病理標本』は何れも検体由来者や家族から病院長もしくは施設長が『信託(trust)』を受けており、適正に管理する義務を負うと思慮される。」としている。
ただし、米村滋人「人格権の譲渡性と信託――ヒト試料・著作者人格権の譲渡性を契機に」水野紀子編『信託の理論と現代的展開』（商事法務、二〇一四年）六五頁以降は、信託業法上の業法規制との関係、かつ（人体試料につき財産権的権利と人格権の両者が単一の人体試料に成立するという考えの下で）人体由来試料の財産権部分のみを財産とみなしても、ヒト試料が提供者個人の内面と深く結びついた存在であるとの立場から人格権の客体と考えれば、人体試料自体を信託財産として信託の成立を認めることは困難とする。また、仮に目的信託と捉えた場合、委託者に監督が委ねられる部分が大きいが、医学研究にスライドさせた場合、適切な信託管理人を選任すること自体に困難が伴い、医学者に監督を委ねる方式は専門性の高い医学研究の適正な遂行を担保する枠組みとして十分に機能しない可能性が高い、と指摘する。

(52) 東京地判平成一二年一一月二四日判例時報一七三八号八〇頁。

(53) 東京地判平成一四年八月三〇日判例時報一七九七号六八頁。

(54) 東京高判平成一五年一月三〇日判例集未登載。

(55) 国内では精神・神経疾患の病態解明のために、国立精神・神経医療研究センターに設置されているNCNPブレインバンクや福島県立医科大学の精神疾患ブレインバンク・DNAバンク、そのほか、老化性疾患を対象とした東京都健康長寿医療センターの高齢者ブレインバンクなどが既に存在している。

(56) 「国家機関研究開発推進事業『精神・神経疾患克服のための研究資源（リサーチリソース）の確保を目指したブレインバンクの整備に関する研究』ブレインバンク法倫理検討委員会活動報告」『精神・神経疾患克服のための研究資源（リサーチリソース）の確保を目指した脳基盤の整備に関する研究（研究代表者 有馬邦正）』（二〇一二年九月）。

(57) 佐藤雄一郎「ブレインバンクをめぐる倫理的・法的・社会的問題」脳と精神の医学二〇巻一号（二〇〇九年）三〇頁は、「死体解剖保存法は、遺族の承諾なしに保存を認めているのだから、私法上もそのような、つまり契約のない保存が正当化されるのか、あるいは、死体解剖保存法の規定にかかわらず、私法上は遺族との間の契約がないと保存は正当化できないのか、について定かではないということである。」と指摘する。

(58) 辰井・前掲注（43）六九頁は、「遺族の死体に対する『所有権』の実質を、祭祀権に基づく管理権と解する場合、『所有権』はつねに遺族にあり、遺族がそれを放棄したり、他者に譲り渡すことはできないことにならざるを得ない。死体由来の試料についても、それを祭祀権に基づく『所有権』の対象と理解するならば、遺族は試料を研究機関に預けているだけであり、『所有権』は遺族にあるのだと解することになろう。」と指摘する。但し、ここでの「所有権」を民法上の所有権と同視すると、所有権はそもそも排他的な支配を備えるものであることから、法医学教室での管理の実態があるとしても、遺族とは別に実質的な所有者がいるという考え方は成り立ちにくくなる。この場合、法医学教室や監察医務機関は「事実上の支配権」を得ていると理解すれば良いのだろうか？

(59) 死者に対する敬虔感情という法益は社会全体が有するものであると考えるならば、当然のことながら、法医学教室や監察医務機関での試料の管理取扱いは、遺族だけでなく社会的に是認できる態様でなされている必要がある。その意味で、著者は解剖後の試料を漫然と残しているという意味での「保存」ではなく、死者に対する敬虔感情をくみ取った上で管理するという意味合いで、適切な「保管」がなされる必要があると考える。

(60) あくまでも私的な推測にすぎないが、死体解剖保存法一八条は「但し、遺族から引渡の要求があつたときは、この限りでない。」とするものの、同法の制定当時、司法解剖で採取した試料が、遠い将来（つまり現在）において、（再）鑑定物という位置づけをされるとは想定されていなかったのではないだろうか。

(61) 東京高判平成八年五月九日高刑集四九巻一号一八九頁、東京高判平成一一年三月一日刑集五四巻八号八四八頁、福岡高判平成一三年一〇月一〇日高刑速報集二二三頁、仙台地判平成一六年三月三〇日判例集未登載、福岡高裁宮崎支判平成二八年一月一二日判例集未登載。

(62) 徳永光「鑑定資料の保存に関する一考察」甲南法学四五巻（二〇〇四年）二二九頁以下、徳永光「[コメント]飯塚事件、科学的鑑定の証拠能力」法と心理一四巻（二〇一四年）一三頁以下。

(63) 一八条の「遺族から引渡要求があつた時は、この限りではない」の「遺族」の範囲についても検討が必要である。前掲注(56)一三九頁において死体解剖保存法にいう遺族及び遺族の範囲について、臓器移植法運用ガイドラインに規定するものと同様の取扱いをすることが適切であると考えられていた。他方、行政解剖を行っている東京都監察医務院では、死因情報の提供を申し出ることができる者として、「遺族：配偶者、子および父母」、「遺族以外で死因情報の提供を申し出ることができる者」として、実質的に死者の生前のケアを行っていた親族またはこれに準じる者、未成年で死亡した者の親権者、としている。「東京都監察医務院における死因情報の提供に関する基準」(http://www.fukushihoken.metro.tokyo.jp/kansatsu/teikyoukijun.html〔二〇一七年一一月二五日閲覧〕)。

(64) 司法解剖では、家庭内で生じた殺人・傷害致死事件を取り扱うことも多い。過去におきた著名な偽装殺人事件で、その後殺人の罪で刑が確定した夫自身が、表面上は亡き妻を弔いたいという理由で、逮捕前に解剖に付された（自らが殺した）妻の試料すべての返還を求めてきたという。家庭内や親族内に被疑者がいる場合、同人もしくはその近親者が試料の返還の求めるという行為が重大な証拠隠滅につながる恐れもあることから、標本を返還してよいか否かは鑑定人の一存だけで判断することはできず、捜査機関側の判断も含めた要検討事項となる。

(65) 試料にはB型・C型肝炎ウイルスやHIVウイルス、結核菌などを含む可能性があるため、厳重な感染防御が必要となる。

(66) 著者はかつて在籍していた法医学教室で、追悼の念から司法解剖に付された夫の試料すべての返還を求めた女性への試料返還に応対したことがある。死者は司法解剖の結果、病死であると判断され被疑者も不起訴とされた事案であった。鑑定人から鑑定嘱託者（検察官）に遺族からの返還の希望を伝え、返還の許可を得た。検察官からは火葬の場合は別途火葬許可が必要であること、遺族の下で保管する場合には、何かあった場合に死体損壊罪になる可能性を十分理解してもらった上で、返還するように指示を受けた。女性に説明後、全試料の火葬を希望されたため、遺族に再度埋葬許可証の発行を求め、仲介する斎場あての焼却依頼書のほか、試料の取扱いに十分注意を払い、受領後速やかに火葬すること、試料返還後は、再鑑定・再検査は一切行えないことを明記した文書を鑑定人と女性との間で取り交わした。遺族による再度の埋葬許可証の取得は、死体解剖保存法一八条の規定に基づき保存した標本を廃棄するとき、「遺族に対しその保存の標本を還付することも考えられるが、この場合の埋葬許可証又は火葬許可証の交付はいかになるか」との疑義照会に対して、「遺族が埋火葬許可証の交付を受くべきものである。」との回答がなされたこと（「死体解剖保存法第一八条及び一九条の規定に基く死体の全部又は一部の処理方法について」〔昭和二六年医収第七七号〕〔埼玉県知事宛厚生省医務局長回答〕）によるものと推測される。なお、堤寛「病理臓器をめぐる諸問題」病理と臨床二三巻七号（二〇〇五年）七六五頁以下は、二度目の埋葬許可証を求めざるを得ないことにつき、「通常ありえないこうした状況が混乱を招く可能性がある」と批判している。

(67) 辰井・前掲注(43)五六頁によれば、死体解剖保存法は宗教的感情の保護だけでなく、公衆衛生の観点も含むため、仮に試料を廃棄する場合には注意が必要である。なお、血液や臓器は、廃棄物処理及び清掃に関する法律（廃掃法）では感染性廃棄物として取り扱われる。詳細については、長島光一「医療廃棄物の法的課題——医事法と環境法の交錯」いほうの会編『医

と法の邂逅 第2集』(二〇一五年)二一一頁を参照されたい。

(68) 但し、病理学会がモデルとして提示している病理解剖承諾書(前掲注(33)参照)に対しては次のような問題がある。同承諾書では、説明を受けた項目にチェックをするようになっていて、三つの□が用意されている(①標本の保存について、②解剖診断の結果が匿名化された上で、剖検輯報《しゅうほう》に登録されること、③標本を医学教育や医学研究に使用することがあること等につき説明が列記されている)。文書の下段に、「病理解剖に関して上記の説明(□に対応する項目)を受け、承諾しました。」として、説明を受けた者と説明者がそれぞれ記名押印する欄が設定されている。しかし、各項目につき説明は受けたが、特定のある項目について承諾はしないという場合に対応する一文や選択項目がないことは問題である。例えば、病理解剖に付されることには承諾したいが、採取保存された標本を医学教育や研究に使用してほしくない場合、ひとまず説明は受けたという意味で用意された□に✓を入れ、特記事項の部に医学教育や研究に用いることには承諾していない旨を別途記入すれば良いのだろうか。

(69) 米村滋人「医科学研究におけるインフォームド・コンセントの意義と役割」青木清＝町野朔編『医科学研究の自由と規制』(上智大学出版、二〇一一年)二五〇頁以下参照では、各種研究倫理指針は、ヒト試料の提供に「インフォームド・コンセント」を要するとしているが、指針では、身体侵襲への同意、試料提供の意思、情報提供の意思、研究全体への参加意思など種々の法的性質のものが一括して「インフォームド・コンセント」として処理されており、これらを単一のルールで規律すること自体が適切ではない、と指摘する。

(70) 前掲注(39)参照。

(71) 「人を対象とする医学系研究に関する倫理指針ガイダンス」(平成二七年二月九日。平成二九年五月二九日一部改訂)九三頁は、口頭での手続きによる場合であっても、研究対象者等が受けた説明や与えた同意の内容を記憶に留められるよう、当該説明及び同意の内容に関する資料を渡すなどの配慮を行うことが望ましい、とする。

(72) 初川満『実践医療と法――医療者のための医事法入門』(信山社、二〇一六年)七四頁は、「人体由来試料の採取・保存・利用などについて、我が国の法整備は不十分であり、法的に未解決の分野が多い。……包括的同意は望ましくないが、そうかといって完全な情報提供に基づいての発生し得る可能性のある全ての事象へのコンセントを条件とすることは、未知への挑戦でもある医学研究を不可能ともしかねない。よって、ある程度の巾を同意に持たせることは許さざるを得まい。」とする。

(73) 前掲注(71)一一二頁参照。

(74) なお、堤・前掲注(66)七六八頁はプレパラート標本について、プロの知識と技術を経て作成された「作品・製品」とみなせば、これらにまで遺族の所有権は及ばないとする見方が常識的であると指摘している。加工に関しては、死体解剖保存法が指摘する「標本としての保存」の「標本」の範囲との関係も問題となりうる。一連の病理解剖後の標本返還請求に関する訴訟のうち、所有権に基づく返還請求事件(前掲注(52))で裁判所が判示したように、「加工されたものであっても、それが死体の一部であることに変わりはない」という考えに立てば、どんなに小さなものであろうとも、死体の一部として死体解剖保存法がいう「標本」ということになる。他方、本事案の別訴(前掲注(53))は、旧厚生省が行政指導として定めた「病理解剖指針」(一九八八年)において、死体の標本に採取した臓器等のみならずパラフィンブロックやプレパラートも含まれるかは定かではなく、パラフィンブロックならびにプレパラートが作成されるまでの過程を基に、「プレパラートは含まれないとの見解も一概には否定できないところであると考えられる」としている。プレパラートの「標本性」に関しては、プレパラートそのものが直接的に敬虔感情を呼び起こすとまでは考えられないとの指摘(辰井・前掲注(43)六〇頁参照)や、死因や病態の最終判断はプレパラートを用いた鏡検でなされることが多いこと、第三者によるレトロスペクティブな検証に備えて判断に用いたものを残しておくことが診断の正確性を高めることにつながることを考えれば、著者は少なくともパラフィンブロックとプレパラートは、死体解剖保存法がいうところの「標本」の範囲外ではないかと考える。なお、宇都木伸「人由来試料の研究利用」樋口範雄=岩田太編『生命倫理と法Ⅱ』(弘文堂、二〇〇七年)一一三頁は、一九四九年の死体解剖保存法の制定当時とは、医学研究のあり方が大幅に変化しているから「標本」という概念に現在にいう〝試料〟の意味を含ませることには疑問がある、と指摘する。前掲注(71)一一一頁は「試料・情報の知的財産権及び所有権の帰属先等、研究の内容等に応じて必要と認められる事項については、各研究機関の判断により適宜追加することが望ましい」と指摘しており、留意する必要がある。

(75) 前掲注(36)のほか、同第12 4「研究対象者等に通知し、又は公開すべき事項」の部で、①試料・情報の利用目的及び利用方法は、代諾者に通知・公開される。前掲注(36)二四頁以降参照。

(76) 前掲注(52)。

(77) 辰井・前掲注(43)七六頁は、研究用に提供された試料について「いったん任意に提供された試料について、遺族の希望に応じて返還や廃棄を認めなければ提供の任意性が失われるとは言えず、やはり無条件の撤回権を認める理由は乏しい」と指摘した上で、例外的に撤回権を認めうる場合として、「例えば、死者の身体に関する情報が、遺族が有する遺伝的疾患の研究のために、その一環として用いられるような場合には、遺族の利益との関係で、遺族に撤回権を認めるべき場合があると思われる。」と指摘する。

(78) 英語圏の多くのブレインバンクでは、生前同意登録の際に「後の世代の同じ病気で苦しむ人たちに希望という贈り物をする」という意味をこめて"Gift of Hope"という言葉が用いられている。

(79) 日本法医学会倫理綱領(http://www.jslm.jp/ethic/code_of_ethics.html〔二〇一八年一月一五日閲覧〕)。

【謝辞】本研究の過程でご助言やご指導を先生方より頂戴しました。中でも、二〇一七年九月一六日の「いほうの会」での拙報告をお聞き頂き有益なコメントをくださった先生方、新法解剖につきご教示頂いた東京医科歯科大学医学部法医学教室の上村公一教授に、この場を借りて御礼を申し上げます。

本研究の一部は、科学研究費補助金(平成二四-二五年度文部科学省科学研究費補助金研究スタートアップ支援(研究代表者 辻村貴子))の一部として行ったことを付記します。その他、研究の信頼性に影響を与えうるような機関・団体からの資金提供は受けておりません。

イギリスにおける子どもを対象とする臨床研究に対する議論の変遷

永水裕子

一　はじめに
二　現在のプロフェッション団体のガイドライン
三　一九六〇年代のガイドラインから現在に至るまで——その変容と理由
四　現在の倫理的ガイドラインと法との齟齬はないのか？——学説の整理と批判
五　おわりに

一　はじめに

現在、イギリス（イングランドとウェールズを指すものとする。）においては、堅固な研究ガバナンスの下で、子どもを対象とする臨床研究を行うことは倫理的に適切であると考えられるとともに、子どもの声を研究計画策定の段階から取り入れていくことの重要性が認識されている。(1) しかし、そのように先進的な取り組みが行われているイギリスにおいても、一九六〇年代から一九八〇年頃までは、研究参加児にとって直接のベネフィットが見込まれない場合に子どもを研究参加させることは法的に認められず、倫理的にも不適切であると考えられていた。これがどのような議論を経て現在のような形に進化していったのかを知ることは、大変に興味深く、子どもを対象とする研究に対して保守的な傾向にある我が国にとって示唆に富むのではないかと考え、今回の研究を行うに至った。

まずは、二において、現在のプロフェッション団体のガイドラインを紹介し、三において、一九六〇年代から一九八〇年のプロフェッション団体のガイドラインおよびそれに対する評価を踏まえたうえで、海外の動向の影響も受けつつ、どのようにプロフェッション団体のガイドラインが変容していき、そのためにどのような理由付けがなされたのかを見ていく。次に、**四**において、一九六〇年代当時から懸念事項とされていた、判断能力のない子が臨床研究に参加することは、「子の最善の利益」ではないので直接のベネフィットが見込まれない場合には、親は参加に同意できないというイギリスにおける学説が、いかに「最善の利益」の解釈を拡大することによって臨床研究への参加に対応してきたかについて紹介するとともに、批判的な立場から考察を加えたい。すなわち、そもそも結果の見込みに不確実性のある医学研究は、「最善の利益」になるとは言えないため、そのような基準を使用して判断することに問題があるということについて論証していく。

今回の研究においては、臨床研究（医療における疾病の予防方法、診断方法および治療方法の改善、疾病原因および病態の理解並びに患者の生活の質の向上を目的として実施される、被験者に対するリスクや負担を伴う可能性のある研究）を対象とし、医薬品開発に関する臨床試験については制定された規則が存在していることや、イギリスのＥＵ離脱に伴い今後どのようになるのかまだ不明であることから取り上げないこととする。(2) なお、判断能力ある未成年者についてはすでに述べているため、(3) ここでは判断能力のない未成年者を対象とする。また、本稿は、プロフェッション団体のガイドラインとして、小児医療のプロフェッション団体である勅許小児科・小児保健学会(4)（Royal College of Paediatrics and Child Health〔以下、ＲＣＰＣＨとする。〕）、およびその前身である英国小児科協会（British Paediatric Association〔以下、ＢＰＡとする。〕）のものを中心に取り上げる。

二　現在のプロフェッション団体のガイドライン

イギリスでは、一九六九年家族法改正法（Family Law Reform Act 1969〔以下、ＦＬＲＡ一九六九とする。〕）の一条一項により、成年年齢を一八歳とするが、八条により、一六歳と一七歳の者がその者にとって直接の利益となる医療に同意することを許容している。医学研究の場合については、治療と同様に考えるという説と治療の場合とは異なり一八歳が基準となるとする説があるが、(5) 本稿で取り上げる判断能力のない未成年者の場合には、一九八九年子ども法（Children Act 1989）に基づき、本人に代わり親としての責任を有する者の同意が必要であることに争いはない。[6]

現在のＲＣＰＣＨのガイダンスは、二〇一四年の「乳幼児、子ども及び若者を対象とする臨床研究に関するガイダンス――研究者および研究倫理委員会向けのアップデート版」[7]であるが、特筆すべきは、このガイダンス作成に、国立保健研究機関の「臨床研究子どものネットワーク」（当時は「子どもへ医薬品を与えるための研究ネットワーク」）の中にある「若者諮問グループ（Young Person's Advisory Group〔以下、ＹＰＡＧとする。〕）」[8]という子どもたちのグループが参加していることである。すなわち、「ＹＰＡＧは、子どもには、研究に参加する機会が与えられるべきであり、彼らのケアは『研究により保障される』べきである、という見解である」と述べている。さらに、研究者にとって「ハイリスク」と考えられるものが、当該子や他の子のベネフィットになりそうであるとして本人や家族からすれば「合理的」なリスクと捉えられることもあるので、ＲＣＰＣＨは、「研究およびその病状の子どもおよび親が許容可能であり合理的と考えるリスクはどのようなものかについて、彼らの見解を聞くことを強く推奨する」とある通り、このガイダンスは、後述の二〇〇〇年版ガイドラインよりも一層、当事者の関与を求めるという理念を前面に打ち出すとともに、その関与の範囲を拡大しようとしている。

このガイダンスの内容は、研究の各段階において同意を取得することの重要性、判断能力のない子について親の同意だけでなく本人のアセントも取得すること、七歳になればアセント能力があること、反対意見がないことはアセントと同じではないこと、親の同意があったとしても、子の反対意見（dissent）を尊重すべきことなどである。研究に伴うリスクについては、「理想的には、研究に伴うのは最小限あるいは低いリスクのみであるべきである。しかしながら、その介入が、その子にとって重要な診断処置や治療を伴っている場合、またはその子の病気の理解や治療を改善させる情報が得られる可能性がある場合には、最小限のリスクを超える研究であっても許容できる。」と述べるとともに、前述のように当事者に許容できるリスクとはどの程度かについて意見を聞くべきであるとする。この他にも、妊婦を対象とする研究や救急の状況における緊急研究、研究の途中で予期せぬ発見がなされた場合、商業ベースで研究が行われる場合、利益相反（ＣＯＩ）、研究参加への対価等についても検討がなされているが、以下のように結ばれている。すなわち、「最近の肯定的な発展として、若者と親が研究のあらゆる側面へより大きな関与を行っていること、そして、研究参加者と研究者を同じように保護し、プロセスの一貫性を担保する存在である規制（regulation）という存在が、質の高い研究を容易にすることを通じて、健康および福祉に資すると評価されてきたことが挙げられる。……最も高い倫理的基準に基づく行動への信頼は、臨床研究を例外から標準へと位置付けることの一助となり、それは、子どもたちの生涯にわたる健康促進、並びに一般的な病気と希少疾患の治療および理解を深めるために必要な前提条件である」。

保健省が出している二〇〇九年の「検査や治療への同意に関する参照ガイドブック〔第二版〕」[9]は、同意能力のない子の研究参加について、三章に以下の記載をしている。すなわち、「子どもに同意能力がない場合、少なくとも、標準的治療と同様に患者にとってベネフィットがありそうな証拠がある場合には、その親が子どものために試験参加への同意をすることができる。親責任を有する者が、自分の子にとって厳密な意味で最善の利益にならないが、子どもの利益に反するわけではない研究介入（a research intervention that is not strictly in the best interests of the child, but is not against the interests of the child either）へ同意することも、福祉原則と矛盾しない。そのような介入は、その子にとって最小限の負担を伴うのみでなければならない。」

人の健康を増進するための研究に公的資金〔税金〕から資金配分を行う独立機関である医学研究評議会（Medical Research Council〔以下、MRCとする。〕）については、二〇〇四年に出された「子どもを対象とする医学研究」[10]が、子どもの研究に関連する規制および倫理的考慮事項について検討した冊子として最新のもののようであるが、その冊子の「5・1・4・a 参加に同意することができない子ども、および親の同意」という項目には、以下の記載がある。「親または後見人は、子どもにとってベネフィットとなる可能性のある研究処置に対して同意を与えることができる。当該研究が子どもにとってベネフィットとなる可能性がないと考えられる場合であっても、親または後見人は、当該研究におけるリスクが十分に小さいこと、すなわち、子どもの利益に反しないと合理的に言える場合であれば、同意することができる。」[11]

このように、子どもにとって直接のベネフィットにならない可能性のある研究が問題となった場合に、親は、それが「子どもの最善の利益」とはいえなくても、「子どもの利益に反しなければ」、リスクとベネフィットの衡量を行ったうえで参加させることができるというのがこれらガイドラインの内容であるが、これは、昔からそうだったというわけではない。また、最新のRCPCHのガイドラインの作成過程において、以前は保護の対象としてのみ捉えられていた未成年者の声が反映されている点にも注目したい。ここまで現在の状況を概観してきたが、次に、一九六〇年代における子どもの研究に対する考え方から現在までの流れについて三で説明する。

三　一九六〇年代のガイドラインから現在に至るまで——その変容と理由

1　一九八〇年までのガイドライン

(1)　医学研究評議会ガイドライン（一九六二－六三年）

一九六三年に、ＭＲＣが「人被験者を対象とする研究における責任」という声明[12]において、「……子どもが自ら有効な同意を与えることができるほどの年でない、あるいは知的な能力がないという場合に、子どもにベネフィットとなることを意図してなされる処置（procedures）への許可を与えることは、その子の親または後見人の権限の中に明確に入っている」と述べる。そして、「個人にとって直接のベネフィットとならない処置」の項目では、「法という厳格な見方からすれば、未成年者の親および後見人は、当該未成年者にとってベネフィットとならず、かつ害を及ぼす何らかのリスクをはらんでいる可能性がある処置に対して、未成年者に代わって同意を与えることはできない。」と述べる。さらに、イギリス法において、医学研究への同意年齢が規定されているわけではないが、裁判所が一二歳以下の子（a child of 12 years or under）に傷害の恐れのある処置への同意能力があると判断することはないだろうと述べられ、それ以上の年齢の子の場合は、本人に同意能力があることについて、証拠をもって証明することができるかの問題となると述べている。要するに、同意能力がない未成年者の場合、本人にとって直接ベネフィットがなく、かつ何らかのリスクの可能性がある医学研究へ親が代わりに同意することはできないという声明である。

では、ＭＲＣの声明の根拠は何か。Henry Beecher によれば、このように子どもを対象とした研究が厳格に制限されると考えたのは、ＭＲＣが述べるような厳格なイギリス法が理由ではなく、ＭＲＣに照会を受けた法律家Sir Harvey Druitt の意見によるものである。[13] ＭＲＣの声明にはイギリス法の立場についてなぜそのように捉えるかの理由・典拠が付されていないため、Beecher がＭＲＣに問い合わせをしたところ、Sir Druitt へ回されたという。[14] ＭＲＣの声明において採用された法的立場は、彼のアドバイスを基礎としたものであり、彼は後日、Beecher への手紙（一九六八年一二月一六日付）の中で、「あの声明の正確さについては自信があるが、その問題にぴったりとあてはまる制定法または裁判例（decided case）を引用することはできない」[15]と述べている。なお、この声明の影響は大きく、一九八二年に小児科医が三か月から六か月の小児から二・五ミリの採血を行うことを伴う研究を申請したときに、研究倫理委員会の一般人を代表する委員が、研究対象となる小児の治療や診断との関連性がないのだから、ＭＲＣの声明に照らし違法であることは間違いないと言い張ったという。[16] 幸い最終的には、その当時の法に関する他の説明を得ることで承認が得られたそうである。[17] 法の空白状態において、法律家が保守的な解釈を行うことは仕方ないことなのだろうが、研究に対する「萎縮効果」をもたらしたことは間違いないという Ian Kennedy の指摘が重く響く。[18]

(2)　勅許内科医学会の声明（一九七三年）と保健・社会保障省の牽制（一九七五年）

イギリスにおいて、子どもを対象とする研究について変化の兆しが最初に見られたのは、一九七三年であり、ここからはプロフェッションの団体と政府との綱引きが見られる。まず、一九七三年に、勅許内科医学会（Royal College of Physicians〔以下、ＲＣＰとする。〕）が、「施設における臨床研究倫理の管理」[19]という報告書を出したが、無視できるほどのリスクまたは不快さ（negligible risk or discomfort）であるならば、小児を対象とした非治療的な医学研究も許容されるという立場を打ち出した。[20]すなわち、「もし、医療における進歩を継続させたいならば、臨床研究も続けられなければならない。このような点に照らしてみると、当該患者に対して直接のベネフィットがないとしても、子どもや精神障碍のある成人を対象とする臨床研究は行われるべきであると考える。ただし、それは、その処置（procedure）には無視できるほどのリスクまたは不快さのみがある場合であり、その時の判例法および制定法の規定を遵守していることが条件である。親または後見人に相談をし、彼らの同意が記録されなければならない。」[21]というのである。なお、ＭＲＣが声明を出した一九六三年以降の法状況に変化はないし、ＲＣＰは、ＭＲＣの声明の根拠となっている法的意見を覆すような証拠を提示していないという問題点が指摘されている。[22]ＲＣＰの報告書を受け、一九七五年に保健・社会保障省（Department of Health and Social Security〔以下、ＤＨＳＳとする。〕）[23]は、各地の保健医療当局（Health Authorities）[24]に警告をする通達を出しているが、それは、「……この意見（一九七三年のＲＣＰ声明――筆者注）をもとに、親または後見人から同意が与えられ、伴うリスクが無視できる程度だという事実があれば、現行法の下においてそのような臨床研究を行うことができると推定すべきではない。[25]」というものであり、要するに、ＲＣＰの見解に従ってはならないというものである。

(3)　一九八〇年のＢＰＡガイドライン

当時、子どもの医学研究に関するイギリス法の立場は、制定法も判例法もない状況であったが、Laurie らは、後述のDworkinと同様に、法の空白状態において、この問題にアプローチするために適切な方法とは、親子関係を統制する一般的法的原理を見つけ、裁判所がどのように判断するかを推論することであろうと述べている。[26]そのような法の空白状態の中で、一九七八年に、ＢＰＡ（のちのＲＣＰＣＨ）がワーキンググループを設置し、最終的に、一九八〇年にＢＰＡとしてガイドラインを作成しているが、以下の四つを前提とし、リスクおよびベネフィットの分析をどのように行っていくかという内容となっている。[27]

①子どもを対象とする研究はすべての子どものベネフィットにとって重要であり、支持され奨励されるべきであり、倫理的な方法で行われるべきである。

②成人を対象に同じ研究を行うことが可能であるならば、子どもを対象として研究をすることは絶対に認めるべきではない。

③研究対象となった子にとってベネフィットのない研究（非治療的研究）は、必ずしも非倫理的または違法とはいえない。

④研究により得られるベネフィットの程度は、鬱陶しさ（disturbance）、不快さや苦痛のリスクに関連して評価されなければならない＝リスク／ベネフィット分析（①-④番号は筆者による。）

なお、「非治療的研究」の定義は、ＢＰＡガイドラインによると、「(a)被験者のベネフィットにはならないが、他の子どもや大人の健康および福祉にベネフィットとなり得る処置」である。「仮に当該被験者が病気（disorder）にかかっているとして、当該研究が同様の病気にかかっている他者のベネフィットを目的とする場合」もこれに含まれる。その他に、「(b)処置が被験者へのベネフィットにならないが、……基礎的な生物学的知見を増やす可能性がある」ものも含まれる。なお、治療的研究と非治療的研究に分類すると、治療的研究の方が場合によっては被験者にとって過酷になることもあるのに、審査が甘くなる危険性があるため注意が必要であることは、すでにこの時点で認識されていた。[28]

本稿において焦点を当てているのは、③であるが、BPAガイドラインは、③の根拠として、Southampton大学の法学部教授であるGerald Dworkinの論文を引用し、このような法の空白状態において、親子関係を統制する最近の原理から得られた結果であるとしている。そこで、Dworkinの論文を紹介する。[29]

(4) BPAガイドラインの根拠となったGerald Dworkinの論文

Dworkinは、MRCやDHSSの見解は、未成年者を対象とした非治療的研究は違法であると述べる法律家のアドバイスに従っているが、そのようなアドバイスは、一般的な法の原則を根拠とするものであり、この問題に関する判決やルールに基づくものではないと冒頭で述べる。要するに、上記の見解は、親は子どもの利益を守る義務を負っているのだから、非治療的処置への同意は正当化されないという立場であろうが、そのような極端なアプローチはおかしいのではないかという疑問を呈した後で、論証を行っていく。[30]

裁判所が検討しなければならない中心的な問題は、親や親代わりをする裁判所等が子どもに対して有している権限の範囲であるが、親の義務というものは明らかではないと述べる。[31] そのうえでいくつかの裁判例が引用されるが、一番スペースを割いているのは、S v S（1970）という貴族院判決である。[32] このケースは、子どもの訴訟上の後見人が、子どもの父親が誰かを鑑定するために血液検査を行うことが子の利益になるとはいえないとして、血液検査に反対したという事案（妻の不貞により生まれた子か否か、つまり嫡出性を決定するための鑑定の是非が争点）である。Reid卿の判決が長々と引用されているが、重要なのは、「……合理的な親は、一般的な公共の利益に対する何らかの配慮をするであろうし、明らかに当該子どもの利益に反すると考えるのでなければ、血液検査を拒否することはないであろう。」[33]「当該子どもの利益に反するということを充たさない限りは、子どもの血液検査を許可すべきであると私は判示する。」[34]という部分である。

Dworkinはこの判決から、以下のようなことを導き出している。すなわち、「親は子どもの最善の利益のみに基づいて行動する義務を負わず、むしろ、子どもの利益に明確に反することをすべきではないという明確な先例(clear authority)があるようである。別の言葉でいえば、親は自分の子に対して、合理的に行動する義務があるということである。そして、合理的に行動するにあたって、親には、子どもの利益に反するような様々な関連利益を衡量する権限があり、子どもに様々なリスクを負うことを許容することが可能である。このように、親は、自分の子が学校へ自転車で行くことを許しても、違法に行動したことにならない。怪我のリスクは、適切に行われている臨床研究へ参加するよりもずっと大きいとしてもである。子どもを学校のボクシングの試合に参加させても親は違法に行動したことにならない。」[35]このように、Dworkinは、合理的な親が社会的な利益とリスクを衡量したうえで最小限のリスクがある活動に参加することを許すことは違法ではないとし、リスクを「リスクなし、最小限のリスク、大きなリスク、重大なリスク」という四つのカテゴリーに分け、リスクがない場合や最小限のリスクを伴う処置に同意することは非合理的ではないと述べる。[36]

以上述べたことから、Dworkinは、確かにまだ明確な先例はないが、子どもを対象とした非治療的研究を行うことは、以下の要件が厳格に遵守されるならば許されると結論付ける。その要件とは、(a)研究のデザイン、詳細、および倫理的基準が適切な倫理委員会により承認されたこと、(b)任意かつ十分に情報を与えられたうえでの親の同意があること、および、(c)リスクがないか、最小限であることである。[37]

(5) ガイドラインの説得力

医療倫理研究所(Institute of Medical Ethics〔以下、IMEとする。〕)のRichard Nicholsonは、一九八〇年のBPAガイドラインについて、「今まで述べてきたガイドラインに照らし、また、制定法や判例法の変化がそれまでに見られなかったにもかかわらず、これは驚くべき声明である。この前提の根拠となる証拠が挙げられていないことからしても驚きはより一層である。議論もなされないまま、これまで考えられていたよりも裁判所は子どもを対象とする非治療的研究に対して寛容な姿勢を示す可能性が高いと主張する一本の論文が参照されているのみである」と批判している。[39] とはいえ先述の通り、MRCの見解の根拠となっていたSir Harvey Druittも根拠となる先例などを挙げることができていない点では同じではないだろうか。そうであるならば、法の空白状態において、親子関係を統制する一般的法的原理を見つけ、裁判所がどのように判断するかを推論し、どちらの推論により説得力があるのかにより方針を決めていくしかないだろう。

2　医療倫理研究所の報告書

(1)　アメリカにおける動向の研究[40]

イギリスでは、1で記した通り、一九八〇年までに上記四つのガイドラインが出されているが、これらはどれも倫理的検討に乏しく根拠薄弱であるとして、Nicholson は大いに嘆いている。[41]これに対して、アメリカでは、同時期である一九七七年に、『子どもを対象とする研究[42]』という報告書が出され、これをもとに、一九八三年に、連邦規則が制定されているため、Nicholson らはアメリカにおける動きを研究している。この報告書は、まず子どもが医学研究に参加することの重要性について述べている。すなわち、子どもに最善のケアを提供するためには医学研究が必要であり、当時ルーティーンに行われていた医療の効果に関する検証はなされておらず、もしかしたら彼らにとって有害である可能性すらあるという。[43]とはいえ、「子どもが他者に依存していること（dependence）、およびその未成熟性から生じる脆弱性により、彼らを研究対象にすることの倫理的許容性の問題が生じる」ということについては十分認識されている。[44]そこで、報告書は、これらの問題を最小化するために、医学研究が充足すべき以下のような厳格な基準を定立するのである。すなわち、(A)当該研究が科学的に健全でかつ重要なものであること、(B)研究が、幼い子どもたち（infants）を対象とする前に、まず動物や成人で行われ、次に年上の子どもたちを対象に行われてきたこと、(C)健全な研究デザインに合致した最も安全な処置を利用し、かつ可能であれば診断または治療目的で行われる処置を利用することにより、リスクが最小化されること、(D)子どもとその親のプライバシー保護およびデータの匿名性維持のために十分な措置がとられていること、(E)被験者が公平な方法で選択されていること等の要件充足について施設内倫理委員会が承認することである。[45] 同報告書は、この他にも、リスク・害とベネフィットの比較衡量を行うこと（子ども被験者にとって直接ベネフィットが見込まれない研究であり、そのリスクが最小限をほんの少し超えている場合であっても、通常の治療や社会経験等により経験するのと同等の介入であり、それにより得られる医学的知識が被験者達の病状等の理解や軽減にとって極めて重要なこと、および親の同意やアセント等の要件を充たしていれば、許容できるとされる。）[46]、これらの安全策が充足されたことを確保するために施設内倫理委員会を設立すること等を提案している。[47] また、この時点において同報告書はすでに子どもが「七歳以上」であれば子どものアセントを得るべきであると明確に述べており、[48] 研究がその子にとって直接の治療的ベネフィットをもたらす可能性がある場合以外は、子どもの反対（dissent）に拘束されることを強調している。[49]

⑵　医療倫理研究所の報告書

Nicholson らは、上記のアメリカにおける動きを参考にしつつ、ＩＭＥの臨床研究倫理に関するワーキンググループとして、道徳理論に基づく新しいルールを提案する報告書を提出しているが、その中で、一九六三年にＭＲＣが採用したような非治療的研究であることを理由にこれを禁止する立場を一九八六年当時において、裁判所が採用するとは考えられないとし、[50] 上記のアメリカにおける『子どもを対象とする研究』をほぼそのまま取り入れた内容の提言を行っている。[51] その中で、一九八〇年のＢＰＡガイドラインよりもアメリカにおけるリスクの分類の方が混乱が生じにくいのではないかと述べているが、リスクの質評価だけに頼るのではなくリスクとベネフィットの量化を進めていくべきであると提案している。[52] 親による研究への同意については、「親および後見人は、子どもに対する権利を有するというのではなく、むしろその利益の受託者であると考えられるべきであり、子どもを対象とする研究においてまずは、それが個々の子どもの利益に反していないかを考慮すべきである」[53]と提案するとともに、「親または後見人による子どもに対する非治療的研究への代行同意（proxy consent）は、子ども被験者に対するそのような研究のリスクが最小限である場合にのみ法的に有効かつ倫理的に許容できる」[54]と提言している。それだけでなく、研究者に対して、子どもに対する研究を行うのではなく、「子ども被験者及びその親又は後見人とのパートナーシップに基づき」研究を行うよう意識変革を呼び掛けていることが注目に値する。[55]この報告書が出された後、ＢＰＡは、一九九二年にガイドラインをアップデートしている。

3　一九九二年のＢＰＡガイドライン改訂

一九九二年のＢＰＡの「子どもを対象とする医学研究における倫理的行動に関するガイドライン（Guidelines for the Ethical Conduct of Medical Research Involving Children）」は、一九九一年に最終版草稿がＢＰＡの会員に対して回覧されており、内部資料とする意図はなかったそうだが、ＲＣＰＣＨの公式ジャーナルであり、周産期から青年期までを幅広く網羅する小児保健専門誌である Archives of Disease in Childhood に公表されておらず、入手が困難となっている。[56]このガイドラインは、アメリカの一九七七年の上記報告書や一九八六年のイギリスにおけるＩＭＥ報告書を参照しており、内容もそれに類似したものとなっている。[57]

このガイドラインは、以下の六つの原則を基礎においている。

①子どもに関する研究は、すべての子どものベネフィットにとって重要であり、支持され、奨励され、倫理的な方法で行われるべきである。
②子どもは小さな大人ではなく、彼らには大人にはない独特の利益がある。
③成人を対象とする同様の研究によって同じ問題に答えることができない場合にのみ、子どもに対する研究がなされるべきである。
④子ども被験者に直接のベネフィットとなることを意図しているわけではない研究は、必ずしも非倫理的または違法ではない。
⑤子どもを対象とする医学研究の提案は、すべて研究倫理委員会で審査されるべきである。
⑥法的に有効な同意は、場合に応じて、子ども、親または後見人から取得されるべきである。親の同意が得られた場合であっても、研究者は、研究に参加する学童期の子どもの賛成意見（agreement）も求めるようにしなければならない。

本稿の関心である④については、「人を対象とする研究に関する一般的な制定法の規定は存在していない。関連する裁判例も存在しないので、子ども被験者に対して直接のベネフィットとならない研究については慎重さが必要だという古い立場は、資格を得た支持（qualified support）により、取って代わられた。[(58)] これはその後裁判所で争われていない。研究に潜在的に存在する害から完全に子どもを保護する試みは、子どもに対する潜在的なベネフィットを否定することとなる。我々は、したがって、子ども被験者に直接のベネフィットとなることを意図しているわけではない研究は、必ずしも非倫理的または違法ではないという前提を支持する。」と述べられている。子どもの利益に関する部分（S v S〔前述の Dworkin 論文に引用されていた裁判例〕を引用した部分。）は以下の通りである。すなわち、「子どもの利益に反して得られた親の同意はおそらく有効とはならない。これが意味するところは、当該子どもに対して直接ベネフィットを意図した研究に対して親は同意できるが、このカテゴリーに入らない研究について有効な同意を与えることができる場合とは、リスクが十分に小さいこと、すなわち、子どもの利益に反しないと合理的に考えられる場合である。」さらに、法的な要件ではないが、研究者は学童期の子どものアセントまたは賛成意見（agreement）を得るべきであり、彼らの異議がないことを常に確認するべきであると述べられる。一九八〇年のＢＰＡのガイドラインでは、「その子にとってベネフィットのない研究（非治療的研究）（'…… is of no benefit to the child' (non-therapeutic research)）」という用語を使用していたが、一九九二年のＢＰＡのガイドラインでは、「子ども被験者に直接のベネフィットとなることを意図しているわけではない研究（'…… which is not intended directly to benefit the child subject'）という用語に変化している通り、ＢＰＡは、既に一九九二年のガイドラインで治療的研究と非治療的研究という区別をしなくなった。なお、両者の区別の妥当性については、一九九八年から二〇〇〇年にかけて国際的にもイギリス国内においても議論が巻き起こり、ヘルシンキ宣言も二〇〇〇年改訂において非治療的研究という項目を削除するに至った。[59]

その他にも、一九九二年版は、研究者が「子どもを対象とした」研究ではなく、「子どもとともに」研究をするということ、すなわち、彼らの反応から学び、子どもとその親が何をベネフィットと捉えているかについて気を配ることの重要性について述べる。さらに、ベネフィットと害の評価について、研究計画を多くのレベル、すなわち研究者、資金提供団体、科学者の団体、倫理審査委員会、研究補助者、子ども被験者と直接かかわる看護師、そして、子どもとその親がチェックすることにより子どもを守ることになると述べ、子ども自身の声を反映させることが意識されていることが分かる。

4　二〇〇〇年のＲＣＰＣＨガイドライン改訂以降

一九九六年に勅許学会（royal college）としての地位を与えられ、ＢＰＡがＲＣＰＣＨとなった後の二〇〇〇年にガイドラインが改訂・公表された[60]。その理由は、一九八〇年に最初にガイドラインを出して以来、子どもの利益、法的要件および研究の適正な規制に関する大きな進歩があったため、それらの発展を考慮に入れたからであるが、本稿で取り上げた基本的な路線については一九九二年版からの変更はない。

その後、ＲＣＰＣＨは、二〇一四年にガイドラインを改訂した。その理由は、「アップデートする必要性」という部分に記載されている通り、国内における研究規制体制の変更による研究環境の変化[61]、ＥＵにおいて医薬品開発を含む子どもを対象とする研究促進方針が打ち出されたこと、臨床研究に対する社会の見方がどんどん変化していることであるが、二〇〇〇年のガイドラインにおける原則には変更がない。その概要は、二で既に述べたとおり、研究は、理想としては最小限あるいは低いリスクを超えないものであるべきであるが、最小限のリスクを超える研究も、その介入が、その子にとって重要な診断処置あるいは治療を伴っている場合、またはその子の病状の理解や治療法を改善させる情報が得られる可能性がある場合には、許されるという内容である[62]。

四　現在の倫理的ガイドラインと法との齟齬はないのか?——学説の整理と批判

1　学説の状況

子どもの臨床研究に対する同意について、法の空白状態にあることは、今日においても多かれ少なかれ同じである。法の空白状態において、この問題にアプローチするために適切な方法とは、親子関係を統制する一般的法的原理を見つけ、裁判所がどのように判断するかを推論することである。[63] 本稿で対象としている判断能力のない子どもに対しては、親または法的後見人あるいは裁判所が未成年者に対して親責任を負うため（Children Act 1989）、治療の場面においては、子どもの最善の利益になる場合や子どもの福祉を増進する場合に、親は治療に同意することができる。学説は、医療と臨床研究との類似性から、医療の場面における判例法の基準となっている「最善の利益」を臨床研究における基準としている。しかし、医学研究において、結果は不可知であり不確実であるし、臨床研究の目的は、被験者本人の福祉ではなく、医学的知見を得ることである。このことは、その子の病気について新しい治療法を開発する場合においても、その治療の副作用や効果は不確実であることなどや、ランダム化比較試験の場合には、プラセボ側にあたってしまう可能性があることから同様である。

そうすると、臨床研究参加は子の「最善の利益」とは言えないので、親が子の参加について同意することはできないことになり、子どもを対象とする臨床研究を行うことができないという問題が発生する。そこで、学説は、「最善の利益」の解釈を拡大したり、別の基準を模索することでこの問題を解決しようとしてきた。

(1)「最善の利益」を医学的な意味に限定しない立場

この立場を採用する学説が、医学的利益以外の利益として考慮しているのは何だろうか。

Jonathan Herring は、「子どもに利他主義や共同体のプロジェクトに参加するということを教えることができるので、子どもの最善の利益になると言えるかもしれない」と述べる。[64] 同様に、裁判所が、治療の文脈において「最善の利益」基準を使うときに、全体的な利益という概念を何度も使用してきたことから、「子どもの利益を共同体の中のより広い関係性の中にも求める」というのが、Graeme Laurie 達の立場であり、その前提条件として、当該子どもにとってリスクが最小限で無視できるほどであるか、存在しないことが挙げられる。[65] Lynn Hagger は、「裁判所が、医療の文脈において、子どもに対する精神的および社会的利益を含む、医学的、情緒的、およびその他の福祉的要素を考慮している」[66] ことを考えると、それらを利益として考慮することができると述べる。Sarah Elliston は、「子どもの利他的な行動を奨励し、自己価値と重要性の感覚を味わわせることができる……と言いうる」[67] と述べるが、Laurie 達は、幼い子どもは、利他的な行動についてきちんと理解ができないのではないかと注意喚起をしている。[68] Laurie 達のそのような批判を意識しているのか、Shaun Pattinson は、「研究参加には、例えば、取り立てて面白い出来事のない人生において、参加者に肯定的な気晴らしを与える機会となるなど、多くの間接的な利益がありうる。」と述べる。[69]

このように、多くの学説は、「最善の利益」基準を放棄するのではなく、最近の裁判例において、この基準が緩やかに解釈されていることから、医学的利益以外の利益を考慮するという立場を導き出しているため、ここで、臨床研究に関する事例ではなく、実験的治療に関するものであるが、彼らが依拠している判例を紹介する。(70)

【Simms v Simms and another; A v A and another(71)】

本件において、争点となったのは、変異型クロイツフェルト・ヤコブ病(異常なプリオン蛋白が脳に蓄積され神経の損傷を引き起こす希少疾患)の一六歳、一八歳のＪＡとＪＳに革新的治療(innovative treatment)を行うことが彼らの最善の利益になるか否かである。(72)この病気に関しては、当時、ペントサンポリサルフェート(Pentosan Polysulphate, PPS)という薬を使用したげっ歯類での実験が成功したことを受け、革新的治療が始まろうとしていたところであった。高等法院のButler-Sloss Pは、何が彼らの最善の利益になるかを決定するにあたって、量化できない何らかの利益の可能性、およびほかに代替できる治療法がないことを記している。さらに、裁判所が治療を認める宣言を出さないことが患者家族に与える情緒的効果をも考慮している。

すなわち、「(45)それらは最善の医学的な利益に限定されるものではない。……私が上記Ａ事件の五五五頁において述べたとおり、『私の判断によれば、最善の利益には、医学的、情緒的、そしてその他福祉的なすべての問題が含まれている。』のである。」「(60)裁判所の義務は、意思決定を行う能力を持たない患者の最善の利益を考慮することであり、ＪＳとＪＡはそのような立場にあると理解している。私は判決を出すにあたり、最善の利益をできうる限り最も広く評価しなければならない。その中には、医学的および非医学的利益と不利益、二人の患者のより広い福祉的問題、彼らの能力、治療をした場合ないし、しなかった場合の彼らの将来、家族の見解、そしてこの申立て(革新的治療を受けることの申立て――筆者注)を認めないことのインパクトである。これらの事柄すべては、裁判所がその裁量を行使して判決を出すために、比較衡量されなければならない。」

Pattinsonは、本件は医学研究に関するものではないが、裁判所が最善の利益テストをより柔軟に適用する気があることを示していると述べている。さらに、この判決を受け、医学研究への参加は、通常は患者の「医学的」最善の利益にはならないが、例外的に、革新的治療を受けることができる唯一の機会といえる場合もあるのにもかかわらず、患者の「最善の利益」基準を使うならば、せいぜい「治療的」研究に参加することができるに過ぎないことになることを問題視し、もし医学的利益以外の利益を考慮するならば、より広く参加できる余地が生ずると述べる。(73) このように、これらの学説は、臨床研究に関する判例や制定法がないにもかかわらず、医療の文脈とのアナロジーから、「最善の利益」基準を使うものの、「最善の利益」の内容を精神的なものも含めるなどの方法で拡大しようとしている。

(2) 「最善の利益」ではない基準を提唱する学説

これに対して、前述のDworkinのようにS v Sを根拠として、「その子の利益に反しない」という緩い基準を採用する立場もある。同様に、P. D. G. Skeggも、①他者にとって大きなベネフィットとなる可能性があるが、被験者に対するリスクが極めて少ない医学研究を禁止することが重大な結果をもたらすこと（一例として、過去において健常児の採血を伴う研究をしなければ、今でもポリオ〔急性灰白髄炎、poliomyelitis〕にかかって死んだり障碍を持ったりする子どもたちがいるだろうということを挙げる。(74)）、および、②社会は概して親に対し、子どもをリスクにさらすことについて何らかの裁量を与えていること（子どもが耳にピアスの穴をあけることへの同意等が例として挙げられる。）[75]から、前掲Ｓ v Ｓを引き合いに出し、「合理的な親」なら同意するかという基準を採用する。[76]もちろん、Skeggは、「合理的な親は、通常、他の個人のベネフィットや一般社会のベネフィットのために子どもの利益を危険にさらすことはしないだろう。」[77]と述べており、「合理的な親」基準に制約を設けている。「合理的な親は、しばしば一人の子どもの利益をもう一人の子どもの利益と衡量しなければならない。……しかし、合理的な親が、その子のベネフィットを意図せず、かつその子の福祉を大きく損なうような医学的処置に同意すると裁判所が考える可能性は極めて低い。」[78]というわけである。Dworkinも、子どもを対象とした非治療的研究について、三つの要件遵守を要求している。その要件とは、(a)研究のデザイン、詳細、および倫理的基準が適切な倫理委員会により承認されたこと、(b)任意かつ十分に情報を与えられたうえでの親の同意があること、(c)リスクがないか、最小限であることである。[79]ただし、Ｓ v Ｓは治療に関するケースでないことや、治療の文脈においてはそのように緩い基準を裁判例が採用していないことから、この立場は、制約を設けているにもかかわらず、Pattinsonにより批判されている。[80]

先述のEllistonは、最善の利益に関する裁判例の緩和傾向だけでなく、国内および国際的ガイドラインが、当該子どもの利益に反しない場合に研究を行うことは倫理的に許容できると述べていること等を考慮した結果、[81]最善の利益基準ではなく、害と合理性の基準（harm and reasonable threshold）を使おうと提案している。[82]その内容について、Ellistonは、「その他の医学的決定と同様に、親が子どものためにリスクとベネフィットを比較衡量することは許される。彼らは最善の利益基準に基づき評価を行わなければならないのではなく、合理的な社会的基準を超えて子どもの福祉を害してはならないのである」と説明する。[83]その内容は、後述のナフィールド報告書と同様であり採用できるものであるが、ガイドライン等の法的根拠とは言えないものを主たる根拠として結論を導き出そうとする点に難点がある。

2　そもそも「最善の利益」基準が適切かという疑問

(1)　ナフィールド生命倫理カウンシル報告書

臨床研究参加の場面で「最善の利益」という用語を使うことに対して正面から疑問を呈するのが、ナフィールド生命倫理カウンシル報告書『子どもと臨床研究——倫理的諸問題』である。この報告書も、上記1(1)の学説が述べるとおり、裁判所が「最善の利益」を医学的意味に限定せず、その意味を拡大していることを理解しているが、以下のような問題点が生じるため、「最善」の利益基準という言葉を使うべきではないと説明する。すなわち、この報告書のワーキンググループが医学研究における「最善の利益」とは何かについて調査を行ったところ、[84]「福祉」や「最善の利益」という観点については定義が難しく、その言葉通りにアプローチしたのでは医学研究を全面的に否定することになりかねないだけでなく、医学研究参加の場面において「最善」という言葉を使用すると非常に大きな問題が発生することが明らかになったという。[85]つまり、それぞれの回答者が「最善の利益」を異なる意味で使用していたのであるが、通常考えうるような「客観的な意味」（子どもの医療上の必要性に基づいてという理解）、および「主観的な意味」[86]（上記にとどまらず、子どもの福祉については、親の見解や、子どもや若者の態度によって異なるという理解）だけでなく、次のような問題をはらむ回答をする者がいたという。すなわち、「すべての子どもと若者の証拠に基づく医療を受ける必要性」を考慮して何が最善かを決めると理解する見解である。[87]この立場は、参加する個別の子どもの利益を無視し、「集団の利益」を考慮して何が「最善の利益」になるかを決定するとしており、注意が必要であるとされる。(88) 以上のような理由から、ナフィールド報告書は、「最善の利益」という言葉を使用しないという方向へ舵を切っている。(89)

(2) 臨床研究の本質と「最善の利益」との矛盾

ナフィールド報告書は、さらに、親の役割には、子どもの福祉を促進することがあるが、その中には、子どもを害となりうるものから守るだけでなく、「良い」とされることをすることが含まれるとする。(90) ただ、これを「最善」の利益のためにと表現すると混乱が生じる。すなわち、「最善の利益」とならない場合に親が同意できないとすれば、子どもを対象とする医学研究は、直接のベネフィットが見込まれる臨床研究以外できないことになる（前述の一九六〇年代のMRCガイダンス等を参照）と述べる。(91) ただし、この例外的にできるとされる研究についても、結局のところ医学研究とは患者のためではなく医学的知見を得るために行うものであるから、研究の対象となる子どもにとっての「最善の利益」とはいえないのではないかと考える。つまり、その子が置かれている状況に照らし、リスクベネフィット分析をして判断をしているにすぎない場合のことを、単に言葉の上で「最善の利益」になるかどうかと表現しているだけではないだろうか。この点につき、Laurie 達も同様に、「治療的研究」（この用語が使用されている。）について、「定義上、医師はどちらの治療法が子どもにとって『最善』であるかを知らない。もし知っているとすれば、そのような研究プログラムは基本的に非倫理的である」と述べ、(92) Emily Jackson も、「試験を行うのは、第一に当該治療法が効果的か否かについてまだ分かっていないからである。当該試験が治療的だと言うことは、被験者にとって参加によるベネフィットがあると事前にわかっていることを意味する」が、それはおかしいと述べる。[93]

さらに、ランダム化比較試験（RCT）の導入により、臨床試験を直接のベネフィットがあるかないかと分類することはできなくなった。[94]また、Hazel Biggsの「子どもが何らかのベネフィットを得るか否かについて不確実性が大きいことを考慮すれば、研究への参加が明らかにその子の最善の利益になると主張することは困難であり、親による同意の正当性はそれゆえ臨床研究においては非常に問題を含んでいる」[95]という指摘は極めて重要である。

3　私見

多くの法律家は、治療方針をめぐる裁判における判断基準として「子どもの最善の利益」が用いられていることから、1で示した通り、この基準を捨てることはしない。[96]この点について、ナフィールド生命倫理カウンシル報告書は、裁判所が子どもの「最善」の利益に焦点を当てるのは、何が正しいかに関する意見の対立が激しい事案を扱っているからであると述べる。[97]そう考えると、医療と研究という違いだけでなく、紛争解決を目的とする裁判所が判断する場面と臨床研究に参加するか否かの場面とは、局面として異なっており、同じ基準にこだわる必要はないのではないか。[98]研究に参加するか否かの場面において意見の対立が生じた場合には、非参加とすればそれ以上の問題は起こらないだろう。（確かに、子ども側が実験的「治療」を受けたいと主張して研究参加を求める裁判（その主張の当否はともかくとして）は起こりうるが、この場合に裁判所が「最善の利益」基準を採用して判断しても、研究参加の場面でこの基準を使用しないこととの矛盾はない。）

「最善の利益」基準に代わりどのような基準を採用すべきかであるが、先述のように、子どもの福祉を促進することが親の役割であることに鑑みれば、ナフィールド生命倫理カウンシル報告書の見解のように、「親には許容可能な意思決定の幅が認められている」という結論が導き出される。[99]そして、許容可能な範囲は、子どもの現在の福祉だけでなく長期的な視野で見る福祉により決定される。医学研究において、前者に関する考慮事項として、例えば、「痛み、不安、苦痛、そして研究参加に伴う（何らかの利益の）享受や楽しみ」が挙げられる。[100]後者には、「子が成長していく過程で、子に社会的存在として他者に対する責任があることを理解させる」[101]ことなどが含まれる。このように、子どもの福祉には、より広い社会的善・共同体に貢献する可能性が含まれるべきであるが、その一つの形として、自分の子が、将来の子どもたちの医療の進歩を目的とした、適切に規制された医学研究へ参加することも親の許容可能な意思決定として許されるのではないか。[102]（もちろん、これが義務ではないことは言うまでもない。[103]）

もちろん、子どもや親に研究参加してもらうためには、研究者も当該研究計画が過重なリスクや負担を子どもや若者に課さないことを確信していなければならない。このように、研究への参加を他者や共同体へ貢献する行為と位置付けるだけでなく、研究者側にも、すべての研究参加児の身体的・情緒的福祉への配慮が必要である。医学研究は、たとえ治療的要素が入っていたとしても、本質的な部分において医療とは異なるという問題意識を持ちつつ、臨床研究倫理委員会が厳密に審査を行い、研究者が高潔な態度で研究を行っていくことが重要であるし、子どもやその親もその本質的違いをはっきりと理解したうえで、臨床研究を監視する必要がある（もちろん、監視を研究参加者だけに任せることはできない。[104]）。むしろ、治療的要素が入っており、直接のベネフィットがある可能性のある臨床研究への参加には、熟慮せず気軽に参加しやすい点があることに鑑み、そうではない臨床研究と同様に厳密な被験者保護を行わなければならないことに留意すべきである。[105]

これらを総合的に考えると、ナフィールド生命倫理カウンシル報告書の述べるとおり、臨床研究に対して親が同意を与えることができるのは、上記のような適切な研究管理体制の下で研究が承認されていることを前提として、当該研究への参加が子どもの現在および長期的な利益と一致していることの確信に基づく場合であるべきだと考える。(106)

五　おわりに

現在、子どもを対象とする医学研究について、その研究デザインや説明文書・同意書の内容および形式、研究参加への対価など様々な側面で子どもたち自身の声を聴いてそれを反映させることが良いと考えられているイギリスであるが、一九六〇年代初頭においては子どもを対象とする研究について非常に抑制的であり、それに対して医学研究者の反発・混乱があり、法律家が議論を行ってきただけでなく、アメリカにおける動向が参照され、一九八六年のイギリス国内の医療倫理研究所における報告書および一九九二年のＢＰＡガイドラインへとつながったことが明らかになった。

さらに、アメリカの動向および上記報告書を参照した結果、特に二〇〇〇年代以降は、子どもを対象とする医学研究の必要性が十分に認識されるだけでなく、リスクとベネフィットの衡量がきちんとなされ、研究規制枠組がしっかりしていることを前提として、子どもの研究参加を決定するという親の裁量が認められると広く考えられるようになったこと、そして一九六〇年代初頭の抑制的な考え方の背景にも法律家がおり、現在のような考え方が広がるにあたっても法律家の議論が一定程度役に立っていたこと、そしてこれらの法律家の議論にはよく考えてみると矛盾点があることが指摘されていたことが判明した。

これらの考察から、副次的に、法律家がどのような役割を果たすべきかという問題が浮かび上がってきたことも付け加えておきたい。すなわち、先例のない領域について医学界からの照会があった場合に、法律家はどのように答えるべきか、あるいはどのように答えるべきでないか、そして、自分の回答が医学の進展へも影響しうることから、患者となりうる我々全員に与える影響がありうるということについても考えを巡らせるべきなのかなど、多くの課題を突き付けられているように思われる(107)。

なお、我が国においては、子どもの臨床研究参加について、「子の利益」になるように親権行使をする義務が親にはある(民法八二〇条)が、それは幸いイギリスの学者が死守している「最善」の利益という言葉ではないことから、臨床研究に参加するにあたって概念矛盾(臨床研究においては何が「最善」であるか不明であるのに、「最善」を選ぶことは不可能であること)は生じない。しかし、イギリスでの議論にあったように、適切な研究管理体制の下で研究が承認されていることを前提として、子どもの福祉という枠組みの中で親に一定の裁量が与えられる点は同様であろう。

今後は、臨床研究にとどまらず、筆者がイギリスにおいてインタビュー調査を行ったALSPACのようなゲノムコホート研究やGenomics England等、医療その他の情報を長期にわたり扱う研究における問題点や子どもへの説明と同意取得、アセント取得、子どもの声をどのようにこれらの医学研究に反映させているのかについて研究対象を拡大し、考究を続けたい。

（1）永水裕子「医学研究において子どもの声を反映させることの重要性——ナフィールド生命倫理カウンシル報告書の検討」桃山法学二六号（二〇一七年）三一三頁。

（2）医薬品開発については、研究申請の約一五％を占めているが、これについては、倫理委員会だけでなく、規制当局（ＭＨＲＡ）の承認が必要である（Margaret Brazier & Emma Cave, *Medicine, Patients and the Law* (6th edn, 2016), [15. 4]）。医薬品開発の規制について簡潔に述べると、まず、二〇〇一年にＥＵにおいて Clinical Trials Directive 2001/20/EC が成立し、二〇〇四年にこれを国内法化した Medicines for Human Use (Clinical Trials) Regulations 2004 が制定された（その詳細は、栗原千絵子「ＥＵ臨床試験指令とイギリス臨床試験規則」臨床評価三一巻二号〔二〇〇四年〕三五一頁を参照のこと）。その内容は以下のとおりである。すなわち、子ども（一六歳未満）が研究に参加することができるのは、「未成年者のみを対象に行うことができる」場合であり、より抑制的に、「その臨床研究により、臨床研究に参加する患者グループにとって何らかの直接的ベネフィットが得られる見込みがある」場合である。臨床試験の被験者グループにとって何の直接的ベネフィットもない研究は、子どもと法定代理人の同意があったとしても認められないのである。これは、子どもの疾患の第一相試験（非常に少ない量の治療で試す）にとってとりわけ制約となることが問題とされていた。さらに、子どもにとって、適応外（off-label）ではなく、より質の高い臨床研究が必要だということが認識されるようになり、EU Regulation on Paediatric Medicines 2006 (Regulation (EC) No 1901/2006) は、合意された paediatric investigation plan (PIP) に従った新薬（および既存薬のいくつか）について、小児を対象に臨床試験を行うことを要求している。二〇一四年の EU Clinical Trials Regulation 536/2014 Article 32 (1) (g) は、二〇〇四年規則と異なるアプローチを採用している。臨床試験から得られるグループへの直接のベネフィットを要求するのではなく、臨床試験への参加が、「(i)関連するリスクや負担を超えて関係未成年者への直接的ベネフィットとなること、または、(ii)そのような治験が、当該未成年者の病気の標準的治療に比べて、最小限のリスク、および最小限の負担を課すのみであり、当該未成年者により代表される人々（population）へ何らかのベネフィットがあると期待できる科学的根拠がある場合」には、治験への参加を認めうるというものである。ちなみに、EU Clinical Trials Regulation 2014 は、国内法を制定せずとも加盟国にそのまま適用されるため、国内法への変容による不調和を回避できるが、現在まだ効力を有するに至っていない。なお、イギリスやフランスの臨床試験規制一般については、磯部哲「海外での研究者主導臨床試験に対する法規制」米村滋人編『生命科学と法の近未来』（信山社、二〇一八年）九九頁を参照。

（3）永水裕子「未成年者の医学研究への参加」桃山法学二三号（二〇一四年）一七頁、永水・前掲注（1）参照。

（4）イギリスの小児科医が一九二八年に初めてＢＰＡの会合を開き、一九九六年に勅許学会としての地位を与えられＲＣＰＣＨとなった（https://www.rcpch.ac.uk/about-us/college-history (accessed 3 June 2018)）。

（5）Nuffield Council on Bioethics, *Children and Clinical Research: Ethical Issues* (2015), [2. 52] によれば、治療と同様に一六歳を基準とする説は、ＦＬＲＡ一九六九だけでなく、Mental Capacity Act 2005（以下、ＭＣＡ二〇〇五とする。）が一六歳以上の者は意思決定ができ、判断能力の推定がなされるとしていることも根拠にする。治療の場合とは別と考える説の根拠は、Sarah Elliston, *The Best Interests of the Child in Healthcare* (2007), 231 に挙げられる。つまり、ＦＬＲＡ一九六九を制定する際に推奨されていたLatey 委員会のアプローチが、一八歳未満の者が献血をすることを制定法が許すべきではないというものであったとするならば、一八歳未満の者については、Clinical Trials Regulations 2004 以外の臨床研究の場合にはコモンローが適用されるというものである。保健省もこの見解を採用しており、ＦＬＲＡ一九六九が臨床研究について規定していないため一八歳が基準となるが、一六歳や一七歳の者の場合にはコモンローが適用され、ギリック能力（提案された介入について完全に理解できるだけの理解力と知能）があれば自ら同意できるとする（Department of Health, *Reference Guide to Consent for Examination or Treatment* (2d edn, 2009), ch3 paras 3-4. ＭＣＡ二〇〇五の Code of Practice も [12. 11][12. 12] において同じことを述べる。）。

　なお、イギリスにおける子どもと私法上の法定年齢については、田巻帝子「『子ども』の権利と能力——私法上の年齢設定」山口直也編著『子どもの法定年齢の比較法研究』（成文堂、二〇一七年）九五頁を参照。

（6）Nuffield Council on Bioethics, *supra* note 5, at [2. 54]; Care Act 2014 の規定に基づき設立された、保健やソーシャルケア研究において患者や公衆の利益を保護する政府外執行公共機関（executive non-departmental public body）であり、保健・ソーシャルケア省の二八の外局の一つである保健健康局（Health Research Authority）による「子どもを対象とする研究」に関する説明（https://www.hra.nhs.uk/planning-and-improving-research/policies-standards-legislation/research-involving-children/

(accessed 3 June 2018）等参照。

（7） N Modi et al, 'Guidance on clinical research involving infants, children and young people: an update for researchers and research ethics committees', (2014) 99 Arch Dis Child 887.

（8） ＹＰＡＧについては、永水・前掲注（1）三二六－三三二頁参照。

（9） Department of Health, *supra* note 5. General Medical Council, *0–18 years: Guidance for Doctors* (2007), para 37 と内容的に同じである。Brazier & Cave, *supra* note 2, at [15. 10] 参照。

（10） Medical Research Council, *Medical Research Involving Children* (MRC Ethics Series guide) (2004). ＭＲＣのウェブサイト内で検索をかけると二〇〇四年版が最新のようである（https://mrc.ukri.org/documents/pdf/medical-research-involving-children/ (accessed 10 June 2018)）。

（11） なお、アセントに関連する記述は以下のとおりである。「子どもに研究参加へ同意する能力がないと考えられる場合には、その者は、通常、親責任を有する者の同意がなければ参加させるべきではない。親責任を有する者は、判断能力のない子に代わって治療に法律上同意することができる。もし、子どもが研究参加へのアセントを与えることができるのであれば、研究者は法的に権限を有する代理人の同意に加え、そのアセントを取得しなければならない。子どもがアセントを与えない場合には、これを尊重すべきである。」

（12） 'Responsibility in investigations on human subjects' In *Report of the Medical Research Council for the year 1962-63.* 本稿では、Henry K. Beecher, *Research and the Individual: Human Studies* (1970) の Appendix A. 262-267 に掲載されたものを引用した。なお、同声明については、宇都木伸「イギリスにおける医学研究倫理委員会(1)」東海法学一四号（一九九五年）二九六頁で、イギリスにおける研究倫理審査の必要性に関する議論の端緒となったと位置づけられている。

（13） 彼は、元 Treasury Solicitor、すなわち、The Treasury Solicitor's Department（以下、TSolとする。）の長であった。TSolは、大臣のいない政府の機関（省）であり、中央政府の機関の大半に対して法的サービスを提供し、政府機関およびイングランドおよびウェールズにおける公的資金で設立された団体を訴訟代理することもしばしば行っている。二〇一五年四月一日から、政府法律機関（Government Legal Department (GLD)）と名称変更された（https://www.gov.uk/government/organisations/

treasury-solicitor-s-department (accessed 10 June 2018)）。

(14) Beecher, *supra* note 12, at 64.

(15) Willian J. Curran & Henry K. Beecher, 'Experimentation in children: A reexamination of legal ethical principles', (1969) 210 Journal of American Medical Association 77, 81.

(16) Curran and Beecher, *supra* note 15, at 81.

(17) Richard H. Nicholson (ed), *Medical Research with Children: Ethics, Law, and Practice* (1986) (Society for the Study of Medical Ethics (Institute of Medical Ethics) のワーキンググループの報告書を書籍化したもの), at 6-7.

(18) Ian Kennedy, *Treat Me Right: Essays in Medical Law and Ethics* (1988), 5.

(19) Royal College of Physicians, *Supervision of the Ethics of Clinical Investigations in Institutions* (1973).（未入手、Nicholson, *supra* note 17, at 7 や Dworkin, *infra* note 29, at 443 等に依拠している。）

(20) ＲＣＰがこのような見解を出すには以下のような経緯がある。ＭＲＣが、British Medical Journal の一九六四年二月号一七七－七八頁に、自らの見解をヘルシンキ宣言とともに掲載したことから、その内容に疑問を持った一九六六年九月五日付の会員の手紙に端緒を得て、この問題に関する委員会を設置し、委員会は British Medical Journal の一九六七年八月号四二九頁にて以下のように述べている。「これらの見解が倫理的状況を規定し、臨床研究を行う者は、彼らの推奨を熟知していなければならないという点については、委員会も受け入れるが、研究と言っても様々な多様性があることに鑑み、正式な規程は、一般的なガイダンスを与えることができるのみであり、個別の問題に対するその適用については、しばしば見解の問題にとどまるべきであろう。委員会は、臨床研究が不必要な障壁や遅延なく自由に行われるべきことが非常に重要であると考える。厳格な負担や中央における官僚主義的な統制は、医師が研究を行うことを抑止させる可能性が高く、仮にそのようなことが起これば、医学的知見獲得の速度が不可避的に遅くなり、そのような遅延により、医療的ケアの進歩が遅延するであろう。」医師らが資金分配機関や規制機関に対して有している思いはいつの時代でも同じなのかもしれないが、自ら調査を行ったうえで独自路線を打ち出した点にＲＣＰのガイドラインの意義がある。

(21) Royal College of Physicians, *supra* note 19.

(22) Nicholson, *supra* note 17, at 7.

(23) ＤＨＳＳは一九六八年から一九八八年までに存在した省だが、一九八八年に保健省と社会保障省とに分割された。なお、保健省は、現在は保健・ソーシャルケア省という名前になった（https://www.gov.uk/government/organisations/department-of-health-and-social-care (accessed 7 July 2018)）。

(24) 保健医療当局とは、当時、それぞれの地域において保健医療を提供する責任を負う機関であったが、その後のＮＨＳ改革による制度変更については、ＮＨＳウェブサイトを参照（https://www.nhs.uk/NHSEngland/thenhs/about/Pages/authoritiesandtrusts.aspx (accessed 7 July 2018)）。

(25) Department of Health and Social Security, *Supervision of the Ethics of Clinical Research Investigations and Fetal Research*, HSC (IS) 153. DHSS, London (1975).（未入手、Nicholson, *supra* note 17, at 7 や Dworkin, *infra* note 29, at 443 等に依拠している。）

(26) G. T. Laurie et al., *Mason & McCall Smith's Law and Medical Ethics* (10th edn, 2016), [20. 16].

(27) British Paediatric Association Working Party on Ethics of Research in Children, 'Guidelines to aid ethical committees considering research involving children', (1980) 55 Arch Dis Child 75-77.

(28) *Id.*, at 76-77.

(29) Gerald Dworkin, 'Legality of consent to nontherapeutic medical research on infants and young children', (1978) 53 Arch Dis Child 443-446.

(30) Dworkin, *supra* note 29, at 443-444.

(31) Dworkin, *supra* note 29, at 444.

(32) S v S; W v Official Solicitor [1970] 3 All ER 107. なお、この問題は、Family Law Reform Act, 1969 s 21 (3) (b)（二〇〇〇年改訂の条文番号）により立法的解決を得ている。

(33) [1970] 3 All ER 107, at 112.

(34) [1970] 3 All ER 107, at 113.

(35) Dworkin, *supra* note 29, at 445.
(36) Dworkin, *supra* note 29, at 445.
(37) Dworkin, *supra* note 29, at 445. なお、Dworkin が同様の立場として、P. D. G. Skegg（その内容については後述）や B. M. Dickens, 'The use of children in medical experimentation', (1975) 43 Medico-Legal Journal, 166-172 を引用していることを考えると、当時、Dworkin だけが特異な立場であったとは考えにくい。
(38) 医療倫理研究所とは、医療倫理に関する教育改善および議論に貢献しようと設立された慈善団体であり、Journal of Medical Ethics を発行している（http://www.instituteofmedicalethics.org/website/ (accessed 7 July 2018)）。
(39) Nicholson, *supra* note 17, at 10.
(40) アメリカにおける動きについては、Lainie Friedman Ross, *Children in Medical Research: Access versus Protection* (2006) および Michael A. Grodin & Leonard H. Glantz (eds), *Children as Research Subjects: Science, Ethics & Law* (1994) を参照した。
(41) Nicholson, *supra* note 17, at 15.
(42) National Commission for the Protection of Human Subjects of Biomedical and Behavioral Research, *Research Involving Children* (1977), available at https://videocast.nih.gov/pdf/ohrp_research_involving_children.pdf (accessed 10 June 2018)
(43) National Commission, *supra* note 42, at 1-2.
(44) National Commission, *supra* note 42, at 2.
(45) National Commission, *supra* note 42, at 2-3. これについては、栗原千絵子「子どもを対象とする研究の倫理・序論——研究規制の成立背景と倫理的ディレンマ」臨床評価三四巻一号（二〇〇七年）一一一頁の抜粋・要約を参照。
(46) National Commission, *supra* note 42, at 7-8.
(47) National Commission, *supra* note 42, at 5-20.
(48) National Commission, *supra* note 42, at 13.
(49) National Commission, *supra* note 42, at 16.
(50) Nicholson, *supra* note 17, at 135.

(51) Nicholson, *supra* note 17, at 231-243.
(52) Nicholson, *supra* note 17, at 232-233.
(53) Nicholson, *supra* note 17, at 234.
(54) Nicholson, *supra* note 17, at 234.
(55) Nicholson, *supra* note 17, at 236.
(56) 二〇一四年版ガイダンスの作成者であるNeena Modi教授にそのガイドラインの存在について照会をしたところ、二〇〇〇年ガイドライン作成者のNeil McIntoshエディンバラ大学名誉教授より、それは内部資料ではなかっただろうかという連絡が入った。その後、この件についてＲＣＰＣＨのDirector of Research & PolicyであるJacqueline Fitzgerald氏がＲＣＰＣＨのアーカイブに一部だけ残っていたガイドラインおよび当時の倫理諮問委員会の議事録を参照した結果、このガイドラインは、研究を行う者だけでなく、研究倫理委員会の委員を対象に作られたと会議録にあること、およびArchives of Disease in Childhood誌に掲載することが望ましいと考えられていたことが判明し、内部資料ではないが何故か雑誌に公表していなかったことが分かった（二〇一八年六月一六日付メール。メール内容の掲載につき許諾取得)。なお、Fitzgerald氏に一九九二年ガイドラインを添付して頂いたので二〇〇〇年版と比較でき、本稿に掲載することができた。I'd like to extend my gratitude to Professor Neena Modi, Imperial College of London, Professor Emeritus Neil McIntosh, University of Edinburgh, and Ms Jacqueline Fitzgerald, Director of Research & Policy of RCPCH for their kind support and valuable information on the 1992 guidelines.
(57) Lainie Friedman Ross, *Children, Families, and Healthcare Decision-making* (1998), 80-81. このガイドラインを作成したＢＰＡの倫理諮問委員会にＩＭＥ報告書作成メンバーのR. Nicholsonが入っていたことも指摘しておきたい。
(58) 前掲Dworkin論文およびヘルシンキ宣言を根拠としている。
(59) British Medical Association, *Consent, Rights and Choices in Health Care for Children and Young People* (2001), 185; Brazier & Cave, *supra* note 2, at [15.2]. なお、治療と結びついた医学研究という項目がなくなるのは二〇一三年改訂である。
(60) Royal College of Paediatrics and Child Health: Ethics Advisory Committee, 'Guidelines for the ethical conduct of medical research involving children', (2000) 82 Arch Dis Child 177-182. このガイドラインの最後に、「このガイドラインは、最初ＢＰ

Aの倫理諮問委員会が一九九二年に作成したものであり、一九九九年にＲＣＰＣＨの倫理諮問委員会が修正・アップデートした」と述べられている。なお、同じ二〇〇〇年には、North Staffordshire 病院において行われていた、新生児に対して新しいタイプの人工換気を試す臨床試験に知らないうちに参加させられており、同意をしていないという親の訴えに端を発し調査を行ったグリフィス報告書（Griffiths Report (Report of a Review of the Research Framework in North Staffordshire Hospital NHS Trust)）が刊行されている。同報告書では、当該研究においては保健省のガイドラインが概ね遵守されていたが、モニタリングを行う体制について保健省がガイダンスを行うべきだったことが明らかになっただけでなく（九・四）、同意の取得についても研究規制枠組がきちんとしていれば、親への十分な説明をし、納得してもらってから同意してもらうことが可能であり、のちに「聞いていない」「ランダム化比較試験については知らなかった」など誤解を生ずることはなかったであろうという分析（九・三）がなされており、研究規制枠組全体を見直し、誰がどのような責任を負うのかを明確にしようと提言している。その中で、子どもを研究に参加させた親を含む一般市民が当時、医学の進歩のためには質の高い研究が必要でありそれに参加することについて許容するという認識を有していたが、十分な説明がなされず、選択ができず、同意が記録されず、同意を撤回するなどのその後の意思決定への関与ができないことについて全く受け入れられないと述べていたことが示されている（四・二・一、一四・三）。このグリフィス報告書に対しては、Clare Dyer, 'Government asked to withdraw Griffiths Report', BMJ. 2000 Oct 21; 321 (7267): 980 at https://www.ncbi.nlm.nih.gov/pmc/articles/PMC1173435/ など、事実誤認があったのではないかという批判もなされている。

(61) 二〇〇五年に政府の保健に関する研究戦略（Best Research for Best Health）の下、National Institute of Health Research（ＮＩＨＲ）が二〇〇六年四月に設立された（https://www.nihr.ac.uk/about-us/nihr-today/）こと、二〇一一年にSpecial Health Authorityとして設立されたHealth Research Authorityが、保健および社会的ケアに関する研究において患者および公衆の利益を保護し促進するために、二〇一四年ケア法に基づき、二〇一五年一月一日に保健省のスポンサーにより独立の公的執行機関として設立されることとなったこと（https://www.hra.nhs.uk/about-us/）（Brazier & Cave, *supra* note 2, at [15. 3]）等。なお、ＮＩＨＲの任務は、保健およびケアに関する研究への資金提供、および研究による発見を実際の製品、治療、医療機器や処置へとつなげていくことであるが、そのあらゆる過程において患者および社会一般の人々を関与させている。

（62） N Modi et al., *supra* note 7 at 887.

（63） Laurie et al., *supra* note 26, at [20. 16].

（64） Jonathan Herring, *Medical Law* (2011), [11. 34].（なお、Jonathan Herring の 'Medical law and Ethics (7th edn)' が二〇一八年五月末に刊行されたが、医学研究の章がなくなったことと、二〇一六年刊行の第六版には自説の主張がなかったことから、この本を参照した。）

（65） Laurie et al., *supra* note 26, at [20. 12]. なお、Laurie 達は、「子どもは、共同体の中における子どもという集団の一員であることから、研究がその団体全体にベネフィットをもたらすならば、その子も潜在的な受益者になり得るといえる。また、臓器移植における理由付けからの推定もできる。……例えば、兄弟がかかっている病気に関連する研究への参加は、病気でない子にとって、兄弟が回復するという自分自身の利益となるかもしれない。」とも述べているが、これは「最善の利益」基準を使用しても、上記のような何らかの利益がありうるという思考実験的な記述部分ではないかと考え、本文にあげることはしていない（Laurie et al., *supra* note 26, at [20. 09]）。

（66） Lynn Hagger, *The Child as Vulnerable Patient: Protection and Empowerment* (2009), 197.

（67） Elliston, *supra* note 5, at 215.

（68） Laurie et al., *supra* note 26, at [20. 10]. なお、Elliston 自身もその点については気が付いており、自身は別の見解を採用している（Elliston, *supra* note 5, at 215）。

（69） Shaun D. Pattinson, *Medical Law and Ethics* (5th edn, 2017), [11-044].

（70） Pattinson, *supra* note 69, at [11-044]. なお、他にも判断能力のない成人から妹への骨髄移植の裁判例（Re Y [1997] Fam. 110）において、間接的なベネフィット（indirect benefit）（妹が死ぬことが母親へ与える影響とその後の福祉）が考慮されたことも挙げられている。

（71） [2002] EWHC 2734 (fam); [2003] 1 All ER 669.

（72） ＪＳとＪＡは、それぞれ一六歳、一八歳なので、前述の通り、ＦＬＲＡ一九六九により、それぞれ治療について判断能力がある年齢、成人年齢である。そうすると、子どもに対する事例とはいえないのであるが、イギリスでは、判断能力のない成人についても、裁判所がその「最善の利益」を判断し、これにかなった治療をすべきことが、Mental Capacity Act 2005 およびそれ以前は判例法により確立されていることから（Nuffield Council on Bioethics, *supra* note 5, at [4. 23] [4. 24]）、これらの学説において依拠されているのである。なお、ＪＳとＪＡは別々の家庭の子であり、両方とも寝たきりであるが、意識はあり何らかの感情を表すことはできるため、全く判断能力がないとは断定できない点も難しい。それゆえに、仮に彼らに判断能力があった場合には、革新的治療を自ら選んだであろうという証拠も提出されている。

（73） Pattinson, *supra* note 69, at [11-044].

（74） P. D. G. Skegg, *Law, Ethics and Medicine: Studies in Medical Law* (1984), 65.

（75） Skegg, *supra* note 74, at 65-66.

（76） Skegg, *supra* note 74, at 66-67.

（77） Skegg, *supra* note 74, at 67.

（78） Skegg, *supra* note 74, at 68.

（79） Dworkin, *supra* note 29, at 445.

（80） Pattinson, *supra* note 69, at [11-044].

（81） 例として、保健省の二〇〇一年のガイダンス para 9. 3 が挙げられる。内容的には本文中で紹介した二〇〇九年版と同じであり、子どもの利益に反するわけではなく、最小限の負担しかかからない研究へ親が同意することは許容できるというものである。その他にもＲＣＰＣＨの二〇〇〇年のガイドラインやヘルシンキ宣言、ＣＩＯＭＳのガイドラインなども挙げられているが、その部分を指しているのかは明確でない。

（82） Elliston, *supra* note 5, at 217.

（83） Elliston, *supra* note 5, at 207.

（84） Summary of consultation responses, available at: http://nuffieldbioethics.org/wp-content/uploads/Children-and-clinical-research-consultation-summary.pdf pp 38-43 (accessed 7 July 2018)

（85） Nuffield Council on Bioethics, *supra* note 5, at [4. 32].

(86) Nuffield Council on Bioethics, *supra* note 5, at [4. 30].
(87) Nuffield Council on Bioethics, *supra* note 5, at [4. 31].
(88) Nuffield Council on Bioethics, *supra* note 5, at [4. 31].
(89) Nuffield Council on Bioethics, *supra* note 5, at pp 106-111.
(90) 親が子どもに対する責任を果たすための基準である福祉原則（welfare principle）は Children Act 1989 §1 に規定されており、臨床研究という場面においても基準となる。
(91) Nuffield Council on Bioethics, *supra* note 5, at [4. 21].
(92) Laurie et al., *supra* note 26, at [20. 23]. それでも Laurie 達は確立された基準であるとして「最善の利益」基準を捨てることはしない。その代わり、すべての子どもが有する医学の進歩に対するグローバルな利益という途方もない利益を持ち出して参加を正当化しようとする説を紹介するが、この説は、前述のナフィールド生命倫理カウンシル報告書で懸念されていた考え方であり、正当化理由にはならないだけでなく危険ですらある。
(93) Emily Jackson, *Medical Law: Text, Cases and Materials* (4th edn, 2016), 487.（厳密には、「治療的」研究という言葉に対する批判であり、「最善の利益」に関するものではない。）
(94) Jackson, *supra* note 93, at 487-488.
(95) Hazel Biggs, *Healthcare Research Ethics and Law: Regulation, Review and Responsibility* (2009), 121.
(96) 前掲注（92）を参照のこと。
(97) Nuffield Council on Bioethics, *supra* note 5, at [4. 24] [4. 25] [4. 30].
(98) Nuffield Council on Bioethics, *supra* note 5, at [4. 24] [4. 25] [4. 30]-[4. 32].
(99) Nuffield Council on Bioethics, *supra* note 5, at [4. 26].
(100) Nuffield Council on Bioethics, *supra* note 5, at [4. 18].
(101) Nuffield Council on Bioethics, *supra* note 5, at [4. 27].
(102) Nuffield Council on Bioethics, *supra* note 5, at [4. 28]. なお、この考え方は、「最善の利益」という用語を使用しないことに

よって無理な説明をしない点以外、実質的には Laurie の唱える説と変わらない。

（103） Nuffield Council on Bioethics, *supra* note 5, at [4. 29].

（104） 米村滋人「医学研究における被験者意思と倫理委員会――生体試料提供の諸問題に着目して」ジュリスト一三三九号（二〇〇七年）一六頁。

（105） British Paediatric Association, *supra* note 27, at 76-77; Nicholson, *supra* note 17, at 30-31; Jackson, *supra* note 93, at 487.

（106） Nuffield Council on Bioethics, *supra* note 5, at [4. 33]. 疫学研究の文脈において、筆者は既にその旨主張しており、リスクとベネフィットの衡量についてはより慎重になるだろうが、その考え方自体は臨床研究においても異ならないことを本稿で確認できた（永水・前掲注（1）三三六頁）。

（107） Dworkin, *supra* note 29, at 445.

編集委員・執筆者紹介（掲載順）

磯部哲（いそべ・てつ）
慶應義塾大学大学院法務研究科教授
主要著作
「行政法学と生命倫理」公法研究七三号（二〇一一年）一八二頁、『事例から行政法を考える』（有斐閣、二〇一六年）（北村和生、深澤龍一郎、飯島淳子と共著）

佐藤雄一郎（さとう・ゆういちろう）
東京学芸大学教育学部人文社会科学系准教授
主要著作
International Encyclopaedia of Medical Law, Japan (Kluwer international, 2014)（甲斐克則、永水裕子と共著）、「わが国における臨床研究規制の現状」年報医事法学二七号（二〇一二年）八一頁

松原孝明（まつばら・たかあき）
大東文化大学法学部法律学科教授
主要著作
「加害者複数の交通事故と過失相殺」交通事故判例百選〔第五版〕（有斐閣、二〇一七年）一五八頁、「違法性論と権利論の対立について 序論――違法性論に対する権利論からの批判についての検討」上智法学論集五九巻四号（二〇一六年）一六七頁

長島光一（ながしま・こういち）
帝京大学法学部法律学科・助教
主要著作
「電子カルテの法的課題と民事訴訟における取扱い」法律論叢（明治大学）九〇巻四＝五合併号（二〇一八年）九九頁、「医療廃棄物の法的課題――医事法と環境法の交錯」いほうの会編『医と法の邂逅 第二集』（尚学社、二〇一五年）一七五頁

山本紘之（やまもと・ひろゆき）
大東文化大学法学部法律学科教授
主要著作
「治療中止における手続履践の刑法的意義」長井圓先生古稀記念『刑事法学の未来』（信山社、二〇一七年）二五一頁、「予見可能性における『可能性』判断」刑法雑誌五五巻二号（二〇一六年）二五三頁

辻村（伊藤）貴子（つじむら〔いとう〕・たかこ）
東京女子医科大学医学部講師
主要著作
Organ retention and communication of research use following medico-legal autopsy: a pilot survey of university forensic departments in Japan. Journal of Medical Ethics 2014; 40:603-608 DOI: 10.1136/medethics-2012-101151（吉田謙一、井上悠輔と共著）、「司法解剖をめぐる遺族の苦悩と対応のあり方」トラウマティック・ストレス九号（二〇一一年）一九九頁

永水裕子（ながみず・ゆうこ）
桃山学院大学法学部法律学科教授
主要著作
『子どもの医療と生命倫理〔第二版〕』（法政大学出版局、二〇一二年）（玉井真理子、横野恵と共編著）、「ニュー・ヨーク州における同意能力を欠く患者の生命維持治療に関する決定について」滝沢正先生古稀記念論文集『いのち、裁判と法』（三省堂、二〇一七年）三七頁

医と法の邂逅　第3集

二〇一八年一二月二一日　初版第一刷発行

編集© いほうの会

編集委員　磯部　哲
佐藤雄一郎

発行者　苧野圭太

発行所　尚学社

〒113-0033　東京都文京区本郷一－二五－七
TEL（〇三）三八一八－八七八四
FAX（〇三）三八一八－九七三七
ISBN 978-4-86031-143-8 C3032
http://www.shogaku.com/

組版／ACT·AIN　印刷／TOP印刷　製本／三栄社